**essentials**

*Essentials* liefern aktuelles Wissen in konzentrierter Form. Die Essenz dessen, worauf es als „State-of-the-Art" in der gegenwärtigen Fachdiskussion oder in der Praxis ankommt. *Essentials* informieren schnell, unkompliziert und verständlich

- als Einführung in ein aktuelles Thema aus Ihrem Fachgebiet
- als Einstieg in ein für Sie noch unbekanntes Themenfeld
- als Einblick, um zum Thema mitreden zu können

Die Bücher in elektronischer und gedruckter Form bringen das Fachwissen von Springerautor*innen kompakt zur Darstellung. Sie sind besonders für die Nutzung als eBook auf Tablet-PCs, eBook-Readern und Smartphones geeignet. *Essentials* sind Wissensbausteine aus den Wirtschafts-, Sozial- und Geisteswissenschaften, aus Technik und Naturwissenschaften sowie aus Medizin, Psychologie und Gesundheitsberufen. Von renommierten Autor*innen aller Springer-Verlagsmarken.

Jörg Pawelczyk

# Badminton im Schulsport

„Be bad..." – wettspielorientiert unterrichten

 Springer Spektrum

Jörg Pawelczyk
Bergheim, Deutschland

ISSN 2197-6708　　　　　　　　ISSN 2197-6716　(electronic)
essentials
ISBN 978-3-662-72289-3　　　　ISBN 978-3-662-72290-9　(eBook)
https://doi.org/10.1007/978-3-662-72290-9

Die Deutsche Nationalbibliothek verzeichnet diese Publikation in der Deutschen Nationalbibliografie; detaillierte bibliografische Daten sind im Internet über https://portal.dnb.de abrufbar.

© Der/die Herausgeber bzw. der/die Autor(en), exklusiv lizenziert an Springer-Verlag GmbH, DE, ein Teil von Springer Nature 2025

Das Werk einschließlich aller seiner Teile ist urheberrechtlich geschützt. Jede Verwertung, die nicht ausdrücklich vom Urheberrechtsgesetz zugelassen ist, bedarf der vorherigen Zustimmung des Verlags. Das gilt insbesondere für Vervielfältigungen, Bearbeitungen, Übersetzungen, Mikroverfilmungen und die Einspeicherung und Verarbeitung in elektronischen Systemen.
Die Wiedergabe von allgemein beschreibenden Bezeichnungen, Marken, Unternehmensnamen etc. in diesem Werk bedeutet nicht, dass diese frei durch jede Person benutzt werden dürfen. Die Berechtigung zur Benutzung unterliegt, auch ohne gesonderten Hinweis hierzu, den Regeln des Markenrechts. Die Rechte des/der jeweiligen Zeicheninhaber*in sind zu beachten.
Der Verlag, die Autor*innen und die Herausgeber*innen gehen davon aus, dass die Angaben und Informationen in diesem Werk zum Zeitpunkt der Veröffentlichung vollständig und korrekt sind. Weder der Verlag noch die Autor*innen oder die Herausgeber*innen übernehmen, ausdrücklich oder implizit, Gewähr für den Inhalt des Werkes, etwaige Fehler oder Äußerungen. Der Verlag bleibt im Hinblick auf geografische Zuordnungen und Gebietsbezeichnungen in veröffentlichten Karten und Institutionsadressen neutral.

Springer Spektrum ist ein Imprint der eingetragenen Gesellschaft Springer-Verlag GmbH, DE und ist ein Teil von Springer Nature.
Die Anschrift der Gesellschaft ist: Heidelberger Platz 3, 14197 Berlin, Germany

Wenn Sie dieses Produkt entsorgen, geben Sie das Papier bitte zum Recycling.

## Was Sie in diesem *essential* finden können

- Dieses Buch zeigt einen möglichen Weg auf, wie Lehrkräfte den Schritt vom kooperativ angelegten Federballspiel zum kompetitiv geführten Badmintonspiel erfolgversprechend und nachvollziehbar gestalten können.
- Es versteht sich als Wegweiser, der Orientierung bietet – nicht durch technische Details, sondern durch praxisnahe, strukturierende und kommunikationsfördernde Impulse, die den Einstieg in das wettkampforientierte Spiel erleichtern und zugleich schnelle Erfolgserlebnisse ermöglichen.
- Statt einer Auflistung von Übungsfolgen und Technikinstruktionen werden organisatorische, methodische und reflektionsfördernde Elemente in den Vordergrund gestellt, die sowohl Lehrkräfte als auch Lernende dabei unterstützen, Freude am und im Badmintonunterricht zu entdecken.

# Vorwort

„Was man lernen muss, um es zu tun, das lernt man, indem man es tut"

Aristoteles (384–322 v. Chr.), griech. Philosoph

„Wie kommt ein Lehrer dazu, ein Buch über Badminton zu schreiben? Vielleicht, weil ihn über viele Jahre eine zentrale didaktische Frage begleitet hat: Wie lässt sich Badmintonunterricht so gestalten, dass er motivierend wirkt, Kompetenzen fördert und im schulischen Alltag praktikabel umsetzbar ist? Diese Frage entwickelte sich schrittweise – zunächst als intuitives Gespür für gelingende Lernsituationen, später als systematischer Prozess: beobachten, analysieren, reflektieren, strukturieren. Daraus entstand der Anspruch, ein Unterrichtskonzept zu entwickeln, das Theorie und Praxis aufeinander bezieht – und dabei sowohl den Lernenden als auch der Komplexität des Spiels gerecht wird.

Im Laufe dieses Prozesses kristallisierte sich ein Grundsatz heraus, der meinem Denken und Handeln Richtung gab: ‚Vom Federball zum Badminton' – als bildhafte Formel für den Weg von zufälligen Bewegungen hin zu reflektierten Spielhandlungen. Später verdichtete sich dieser Gedanke zur Leitidee **„Be bad…"**: eine didaktisch pointierte Zuspitzung, die deutlich macht, worauf es im Rückschlagspiel ankommt – taktisch kluge, herausfordernde Handlungen, die bewusst im Sinne einer Spielidee gestaltet werden."

Mit der Zeit fand ich in der Fachliteratur und in Studien wie der Hattie-Metaanalyse [6] viele Bestätigungen für meine Ansätze: Lernen gelingt dort besonders gut, wo klare Ziele, Feedback, Reflektion und ein erkennbarer Sinn vermittelt werden. Besonders die Erkenntnisse von Hattie und Aebli stärkten meine Überzeugung: Entscheidend für den Lernerfolg ist nicht allein was unterrichtet wird, sondern wie. Klare Zielsetzungen, kontinuierliches Feedback und konstruktive Interaktionen zwischen Lehrkraft und Lernenden sind zentrale Erfolgsfaktoren.

Eine Aussage von Aebli blieb mir dabei besonders im Kopf: „*Denken ist vor allem das Ordnen des Tuns.*" Vgl. [1]. Genau darin liegt die Stärke von gut organisiertem Sportunterricht. Für mich bedeutet das: Unterricht soll durchdacht, geplant und reflektiert in einem sinnvollen Rahmen organisiert sein. Ergänzt wurden diese Überzeugungen durch meine Tätigkeit als Fachberater und zeitweise als Fachleiter, die mir tiefere Einblicke in schulische Lehr-Lern-Prozesse ermöglichten – und damit auch den Wunsch, ein Konzept zu entwickeln, das Theorie und Praxis schlüssig verbindet. Ein zentraler Baustein dieses Konzepts ist die Unterscheidung zwischen Bewegungszeit und Bewegungslernzeit:

- **Bewegungszeit** ist jede aktive Phase – unabhängig davon, ob bewusst gelernt wird oder nicht. Sie steht für körperliche Aktivität und Beteiligung.
- **Bewegungslernzeit** beschreibt jene Phasen, in denen die Bewegung nicht nur ausgeführt, sondern mit bewusster Aufmerksamkeit, Reflexion und Erkenntnisgewinn verbunden ist. Die Handlungen werden im Hinblick auf ein Bewegungsziel verstanden, angepasst und weiterentwickelt.

Diese Unterscheidung unterstützt eine Unterrichtsgestaltung, in der motorisches Lernen nicht isoliert geschieht, sondern über bewusstes Agieren vertieft wird – ein zentraler Schritt hin zu selbstgesteuertem und nachhaltigem Lernen.

Dieses Buch zeigt, wie solche Lernprozesse konkret im Badminton-Unterricht aussehen können – durch motivierende Spielformen, klare Zielsetzungen, strukturierte Reflexion und ein handlungsorientiertes Agieren, das aus Spielsituationen heraus Sinn und Technik miteinander verbindet. Es soll Lehrkräften ein praxiserprobtes, didaktisch fundiertes Konzept an die Hand geben – für einen Sportunterricht, der nicht nur in Bewegung bringt, sondern Lernprozesse wirksam voranbringt.

Jörg Pawelczyk

# Inhaltsverzeichnis

1 Einleitung.................................................... 1
2 Schulpraktische Einordnung................................. 5
   2.1 Bedeutung der Schulsportart Badminton.................... 5
   2.2 Rahmenbedingungen für das „Be bad" Konzept.............. 6
3 Badminton in den Sekundarstufen: Hinführung zur
Wettspielorientierung........................................ 11
   3.1 Kompetenzorientierung und das Konzept „Be bad"........... 11
   3.2 Pädagogische Vorüberlegungen............................ 12
   3.3 Didaktisch-methodische Vorüberlegungen.................. 13
   3.4 Vorüberlegungen zum spielorientierten Lernen............. 15
   3.5 Die fünf Phasen der Lehr-Lern-Praxis..................... 16
       3.5.1 Phase 1: Vorbereitung der Unterrichtspraxis.......... 17
       3.5.2 Phase 2: Einstieg in die Unterrichtspraxis............ 21
       3.5.3 Phase 3: Einführung der Bewegungsschlüssel........ 21
       3.5.4 Phase 4: Das Badminton ABC...................... 23
       3.5.5 Phase 5: Leistungsbewertung im Kontext des
            „Be bad"-Konzepts ............................... 25
4 Ergänzende Tipps für das Gelingen von „Be bad" ............ 29
5 Weiterführung von „Be bad" zum Wettkampfspiel............ 33
6 Praxisbausteine für den Unterricht........................... 35
   6.1 Praxisbaustein 1 „Kann-Liste"............................ 35
   6.2 Praxisbaustein 2 „Advance Organizer".................... 35
   6.3 Praxisbaustein 3: Bewegungsschlüssel .................... 36
   6.4 Praxisbaustein 4: Spielformen Bewegungsschlüssel......... 36

| | | |
|---|---|---|
| 6.5 | Praxisbaustein 5: Das Badminton ABC | 44 |
| 6.6 | Praxisbaustein 6: Reflektionsblatt | 53 |
| 6.7 | Praxisbaustein 7: Bewegungsbeschreibung in bildlicher Sprache | 53 |
| 6.8 | Praxisbaustein 8: Selbstbeurteilungsbogen | 55 |
| 6.9 | Praxisbaustein 9: Turnierformen | 56 |
| 6.10 | Praxisbaustein 10: Fehlerbilder und Korrekturen | 57 |

**7 Schlussworte** .............................................. 61

**Was Sie aus diesem *essential* mitnehmen können** ................... 63

**Literatur.** ..................................................... 65

# Über den Autor

**Jörg Pawelczyk** war viele Jahre Lehrer am Berufskolleg und Berater im Schulsport. Als Fachleiter Sport am Studienseminar Köln sammelte er zusätzlich Erfahrungen in der Aus- und Fortbildung von Lehrkräften. Neben seiner Unterrichtstätigkeit engagierte er sich publizistisch, unter anderem als Co-Autor des Buches *Futsal im Schulsport* (mit Paul Klingen). *Badminton im Schulsport* bündelt seine langjährige Praxiserfahrung und didaktische Expertise zu einem Konzept, das Theorie und Praxis wirkungsvoll verbindet.

# Einleitung 1

In diesem Buch stehen nicht die Technikelemente des Badmintons im Mittelpunkt. Der beschriebene Weg unterstützt Lehrkräfte dabei, den Übergang vom Miteinander- zum Gegeneinander-spielen gezielt zu gestalten. Die technische Entwicklung (Schlagverhalten, Laufverhalten) der Schüler[1] vollzieht sich dabei begleitend und aus dem Spielkontext heraus. Zu beachten ist allerdings, dass hier der schulische Einstieg in das charakteristische Badmintonspiel noch nicht für die Primarstufe empfohlen wird, sondern erst in den weiterführenden Schulen erfolgt. Wichtig ist aber, dass bereits im Grundschulbereich die wesentlichen Grundlagen für möglichst alle Rückschlagspiele gelegt werden. Im Vordergrund sollte die Freude am gemeinsamen Spiel sowie am Zustandekommen erster Ballwechsel stehen. Auch Erfahrungen mit unterschiedlichen Materialien und Spielideen gehören zu erfolgreichen Konzepten, die hier aber nicht näher ausgeführt werden können.

**Dieses Buch ist bewusst in zwei Teile gegliedert**
Im ersten Teil werden die **Rahmenbedingungen** und **konzeptionellen Grundlagen** für das „Be bad…"-Konzept erläutert. Im zweiten Teil finden sich die **Praxisbausteine** – konkrete Ideen, Anleitungen und Spielformen, die direkt in den Unterricht übertragbar sind. Im Zentrum dieses Essentials stehen die Konzeptgrundlagen für die Sekundarstufen (siehe Kap. 3). Zwei zentrale Leitlinien strukturieren dieses Konzept:

---

[1] Um die Lesbarkeit zu erleichtern und den Fokus auf inhaltliche Klarheit zu legen, wird im gesamten Buch die männliche Form verwendet (z. B. „der Schüler", „der Spielende"). **Gemeint sind selbstverständlich alle Geschlechter gleichermaßen.**

© Der/die Autor(en), exklusiv lizenziert an Springer-Verlag GmbH, DE, ein Teil von Springer Nature 2025
J. Pawelczyk, *Badminton im Schulsport*, essentials,
https://doi.org/10.1007/978-3-662-72290-9_1

## 1. Spielorientierung

Eine wesentliche fachdidaktische Grundlage ist dabei ein Taktik-Spielkonzept, das in Ansätzen auch dem genetischen Lernen zuzuordnen ist. Im Zentrum steht die motivierende und leicht verständliche Spielidee des „Be bad...": *„Spiele den Ball so, dass ihn dein Gegner nicht erreicht."* Damit wird ein zentrales taktisches Prinzip schülergerecht zugespitzt: Erfolgreiches Spielen bedeutet, dem Gegner Schwierigkeiten zu bereiten – ihn herauszufordern, nicht zu „schonen". Die Formulierung „Be bad..." ist dabei bewusst mehrdeutig gewählt. Sie soll irritieren, zum Nachdenken anregen und symbolisiert mehr als nur „böse sein": Die drei Punkte „..." stehen sinnbildlich für das, was dahintersteckt – Bewegung verstehen, Anspruch annehmen, Dynamik gestalten. So erschließt sich der Sinn des Spiels nicht über Technik, sondern über Erfahrung im Handeln. Altersgemäße Spielformen, die hier als **Badminton-ABC** benannt werden, leiten schrittweise vom Miteinander zum Gegeneinander über und machen grundlegende Spielideen erfahrbar. Korrekturen (siehe Abschn. 6.10) werden nur dann angeleitet, wenn sie für die Umsetzung der Spielformen notwendig sind und die weitere Lern- und Leistungsentwicklung fördern.

## 2. Zusätzliche Steuerungsinstrumente

a. **Strukturierende Lernhilfen und methodische Impulse**

Lern- und Methodenschlüssel helfen beim Bewegungslernen, Taktikverstehen und reflexiven Handeln. Durch klare Aufgabenstellungen, vereinfachte Technikanleitungen und das Lernen unterstützende Materialien wird der Unterricht systematisch und zugänglich gestaltet. In diesem Zusammenhang werden nötige Interaktions- und Kommunikationsabläufe sowie einzelne Aktions- und Organisationsformen konkret und nachvollziehbar beschrieben. Außerdem finden sich Hinweise, wie einzelne Problemsituationen im Übungs- und Spielablauf vermieden oder gelöst werden können.

b. **Reflektions- und Kommunikationsphasen im Lernprozess**

Das Konzept bindet Reflektionsaufgaben, Beobachtungsaufträge und Feedbackphasen in den Unterricht ein und fördert so die bewusste Auseinandersetzung mit dem eigenen Spiel. So werden Eigenwahrnehmung, Perspektivwechsel und kooperative Lernprozesse unterstützt.

▷ Mut zur Umsetzung – Ihr Gewinn!

Natürlich ist es möglich auch einzelne Aspekte des Konzepts isoliert zu nutzen, beispielsweise nur die Spielideen des „Badminton ABC". Ihre volle Wirkung entfaltet die Idee jedoch erst dann, wenn alle drei Elemente – Spielidee, Lernhilfen

# 1 Einleitung

und Reflektionsphasen – miteinander verzahnt eingesetzt werden. Die hier dargestellte Formatierung des Unterrichtsgeschehens bedeutet für manche Lehrkräfte sicherlich eine Umstellung, z. B. durch das Einspeisen von Text- und Reflektionsmaterialien. Sie kostet am Anfang Kraft, Veränderungswillen und Zeit. Der Lohn für diese Bemühungen zeigt sich aber langfristig vor allem bei der Aktivierung der Schüler sowie in der effektiven Nutzung der zur Verfügung stehenden Unterrichtszeit. Dies könnte ein Schlüssel sein, mehr Unterrichtszufriedenheit aufseiten der Schüler – und bei der Lehrkraft die zu wünschende Berufszufriedenheit – herzustellen.

**Wie Sie dieses Buch nutzen können**
Das vorliegende Buch ist sowohl in gedruckter als auch in digitaler Form verfügbar. Die digitale Ausgabe eröffnet dabei besondere Zugriffsmöglichkeiten: In zahlreichen Kapiteln finden sich interaktive Verweise auf weiterführende Praxisbausteine, Abbildungen, Videoimpulse und methodische Hilfen, die Sie direkt per Klick erreichen können. So wird aus einer Theorieeinheit eine konkrete Unterrichtshilfe – genau dann, wenn Sie sie benötigen. Diese Verlinkungen erkennen Sie im Text an eindeutigen Formulierungen. So können Sie flexibel zwischen didaktischem Konzept und praktischer Umsetzung hin und her navigieren.

Ergänzend zum Buch finden sich zentrale Inhalte auch im Podcast „**Sportunterricht im Dialog**"[2]. In Gesprächen mit Paul Klingen, langjährigem Fachleiter für Sport am Studienseminar Köln und ausgewiesenem Experten für Kommunikation im Sportunterricht, sowie dem Autor dieses Buches werden wesentliche Aspekte des „Be bad…"-Konzepts praxisnah vertieft. Der Podcast bietet zusätzliche Anregungen zu Fragen der Unterrichtsgestaltung, der Motivation von Lernenden sowie der Kompetenzorientierung im Sportunterricht.

---

[2] https://open.spotify.com/show/3CG0xO2Mx7IGfCbv2s8lSh?si=SCykNscIQBKWgY-WiwWYEFg.

# Schulpraktische Einordnung 2

## 2.1 Bedeutung der Schulsportart Badminton

Badminton hat sich zu einer der wichtigsten Hallensportarten im Schulsport entwickelt. Der große Vorteil besteht darin, dass es im Unterschied zu den Mannschaftsspielen bereits mit nur einem Mitspieler möglich ist, die Spielidee umzusetzen.

Der Badminton-Ball (auch Shuttle genannt) besitzt zudem einen hohen Aufforderungscharakter: Er animiert die Spielenden, aktiv zu reagieren und ihn zuzuspielen bzw. zu schlagen. Im Gegensatz zu einem runden Ball, der präzise und gefühlvolle Kontakte erfordert, ermöglicht der Badminton-Ball schnelle Erfolgserlebnisse. Anfänger können ihn leichter kontrollieren als etwa einen Tennis- oder Tischtennisball, da er nur eine geringe Eigendynamik besitzt und als Flugobjekt leichter steuerbar ist. Diese Eigenschaften machen ihn besonders geeignet, grundlegende Treff- und Schlagtechniken zu erlernen.

Ein weiterer Vorteil ist die klare Trennung der Spielfläche durch das Netz, wodurch es nicht zu direktem Körperkontakt kommt. Körpergröße und Kraft verlieren somit – anders als in vielen anderen Sportarten – an Bedeutung. Dies macht Badminton besonders geeignet für den koedukativen Unterricht. Auch Schüler mit geringerer motorischer Leistungsfähigkeit können das Spiel schnell erlernen. So entsteht bereits zu Beginn des Lernprozesses ein spannendes Spielerlebnis mit anregenden Ballwechseln. Selbst auf einfachem technischem Niveau führt dies zu hoher Lauf- und Bewegungsintensität sowie zu den gewünschten Trainingseffekten. Die geringe Verletzungsgefahr, die leicht zu organisierende Raumorganisation und der hohe Spielwert erleichtern die Unterrichtsgestaltung zusätzlich. Unterschiedliche Leistungsniveaus und individuelle Interessen lassen sich durch differenzierte Aufgabenstellungen gut berücksichtigen. Nicht zuletzt bietet Badminton einen hohen Freizeitwert und kann den Einstieg in ein lebenslanges Sporttreiben ermöglichen.

## 2.2 Rahmenbedingungen für das „Be bad" Konzept

Die konkrete Umsetzung des „Be bad"-Konzepts hängt von verschiedenen Rahmenbedingungen ab.

**Alter und Reife der Schüler**
Bereits in der Grundschule können erste Erfahrungen mit Rückschlagspielen gesammelt werden. In dieser Entwicklungsphase verbessern Kinder ihre motorischen Fähigkeiten und die Auge-Hand-Koordination – wichtige Voraussetzungen, um Schläger und Ball gezielt aufeinander abzustimmen. Altersangemessenes Spielen bedeutet hier: einfache Schlagformen, Schlägergewöhnung, kooperatives Hin-und-Her-Spielen über kurze Distanzen. Durch größere Schlägerflächen, langsamere Bälle oder verkleinerte Spielfelder können auch weniger motorisch versierte Kinder erfolgreich mitspielen. Entscheidend sind ein spielerischer Zugang, häufige Erfolgserlebnisse und eine hohe Bewegungszeit, ohne technische Überforderung.

Das „Be bad…"-Konzept knüpft an diese frühen Erfahrungen an, ist jedoch vorrangig für die Sekundarstufe I konzipiert. In dieser Altersphase – etwa ab Klasse 6 oder 7 – verfügen die Lernenden über weiterentwickelte koordinative, soziale und kognitive Fähigkeiten. Sie sind zunehmend in der Lage, taktische Spielideen zu erkennen, Regeln zu verstehen und ihr Handeln im Spiel zu reflektieren. Genau hier setzt „Be bad…" an: Nicht Technik, sondern das Verstehen des Spiels steht im Zentrum. Auch in späteren Jahrgangsstufen – etwa in der gymnasialen Oberstufe oder an beruflichen Schulen – kann das Konzept gewinnbringend eingesetzt werden. Gerade bei älteren Lernenden, die bislang wenig Kontakt mit Rückschlagspielen hatten, ermöglicht der spielorientierte Zugang motivierende Lernerfahrungen und fördert schnelles taktisches Verständnis. Anders als konventionelle Konzepte, die den Einstieg oft über isolierte Technik Einführungen gestalten, wird hier mit einfachen, sinnstiftenden Spielsituationen begonnen und so auch das technische Können, schrittweise im Kontext der Spielformen aufgebaut. Durch gezielte Differenzierung erleben sowohl leistungsschwächere als auch leistungsstärkere Schüler Spielbeteiligung, Herausforderung und Erfolg. In höheren Jahrgangsstufen kann das Konzept vertieft werden: Technisch-taktische Elemente treten stärker hervor,

## 2.2 Rahmenbedingungen für das „Be bad" Konzept

Spielhandlungen werden bewusster reflektiert und Wettkampfformen differenzierter eingeführt – immer mit dem Ziel, Badminton als lernwirksames, motivierendes Rückschlagspiel zu erleben (siehe Kap. 5).

**Heterogenität in der Praxis**
In der schulischen Praxis sind Badminton-Klassen in der Regel leistungsheterogen: Einige Schüler bringen Vorerfahrung aus dem Verein oder Freizeitbereich mit, andere haben noch nie einen Badmintonschläger in der Hand gehalten. Ein gelungener Unterricht erfordert daher differenzierende Methoden. Das „Be bad… "-Konzept greift diese Heterogenität gezielt auf: Durch schülerorientierte Aufgabenstellungen, klare Lehrerimpulse und offen angelegte Spielformen werden individuelle Lernwege geöffnet– etwa die Wahlmöglichkeit zwischen einfachen und anspruchsvolleren Techniken (z. B. „Ball ins Spiel bringen" statt gezieltem Aufschlag – (siehe Abschn. 3.5.3) gezielte Partnerzuteilung oder die Verkleinerung des Spielfeldes. Trotz der wettspielorientierten Struktur wird bewusst auf eine differenzierende Unterrichtsgestaltung Wert gelegt, bei der die Lehrkraft gezielt Hilfen (siehe Abschn. 6.10) für einzelne Schüler anbietet, ohne den Spielfluss der gesamten Klasse zu unterbrechen.

**Räumliche und zeitliche Bedingungen**
Für das „Be bad"-Konzept sind zu Beginn keine vollständigen Badmintonfelder erforderlich – ein halbes Spielfeld genügt für die grundlegenden Spielformen. Auch Flächen zwischen oder hinter markierten Feldern lassen sich nutzen, sofern die organisatorische Übersicht gewahrt bleibt. Optimalerweise üben und spielen die Lernenden nebeneinander, so bleiben Sichtachsen klar, Ansprechbarkeit gegeben und Sicherheit gewährleistet. Sind keine offiziellen Badmintonlinien vorhanden, können Spielfeldgrenzen mit Klebeband, Markierungshütchen oder bestehenden Spielfeldern (z. B. Volleyball oder Basketball) improvisiert dargestellt werden. Auch ein gespanntes Baustellenband kann ein provisorisches Netz ersetzen und den Spielfluss sichern.

Für die Sicherheit spielt die Bodenbeschaffenheit eine zentrale Rolle: Ein rutschfester Hallenboden (z. B. Schwingboden oder PVC) ist essenziell für sicheres Stoppen und Wenden – vor allem bei den spielnahen Bewegungsaufgaben des Konzepts. Eine bewusste Sicherheitsgestaltung zeigt sich insbesondere bei improvisierten Netzen (z. B. standsichere Pfosten), klaren Stoppzeichen, einer konsequenten Hallendisziplin sowie dem Tragen von Brillenbändern und dem Entfernen von Schmuck – all dies gehört zum Standard eines verantwortungsvollen und sicheren Sportunterrichts.

Auch die zeitliche Struktur hat Einfluss auf die Wirksamkeit des Konzepts. Doppelstunden ermöglichen einen sinnvollen Rhythmus aus Spiel, Übung, Korrektur und Reflektion. In Einzelstunden hingegen geht ein großer Teil der verfügbaren Zeit für organisatorische Abläufe wie Umkleiden, Aufbau und Erklärungen verloren – zulasten der eigentlichen Bewegungszeit. Darüber hinaus fehlt oft die Zeit, um Inhalte aus der Vorstunde gezielt aufzugreifen: das Erinnern, Wiederholen und Festigen des Gelernten (*„Was habe ich behalten? Was nehme ich mit in die nächste Spielphase?"*) gerät in den Hintergrund. Zeitgewinne im Unterricht lassen sich auch durch gezielte Absprachen mit anderen Lehrkräften erzielen – beispielsweise darüber, wer wann größere Hallenanteile nutzt oder ob mobile Netze aufgebaut bleiben können, um sie auch in den Folgestunden einzusetzen.

**Materialien**

Die Qualität und Quantität des Materials beeinflusst den Unterrichtserfolg erheblich. Für eine Klassenstärke von 24 Schülern wird empfohlen, idealerweise jede Person einen Schläger bereitzustellen. In der Praxis ist das nicht immer gegeben – doch lange Wartezeiten oder ständiges Abwechseln an einem Schläger hemmen die Lernkurve deutlich. Daher investieren viele Schulen oder Sportfachbereiche in Klassensätze von Badmintonschlägern. Wichtig ist die Beschaffenheit der Schläger: Sie sollten leicht und robust sein. Fachleute empfehlen für Schulen Rackets, deren Schaft aus Grafit oder Carbon besteht, weil diese ein gutes Gewichts-Stabilitäts-Verhältnis aufweisen. Zu schwere oder stark beschädigte Schläger erschweren gerade jüngeren Kindern die Technik (z. B. saubere Schlagbewegungen) und erhöhen Verletzungsrisiken (ein wackeliger, scharfkantig gebrochener Schläger ist gefährlich).

Einheitliche Nylonbälle (Empfehlung: mittlere Geschwindigkeit) sind im schulischen Badmintonunterricht aus lernpsychologischer und didaktischer Sicht besonders sinnvoll. Sie schaffen konstante Übungsbedingungen, die Anfängern helfen, Technik, Timing und Auge-Hand-Koordination zu entwickeln, ohne durch variierende Fluggeschwindigkeiten überfordert zu werden. Unterschiedliche Ballgeschwindigkeiten (rot, blau, grün) können zu kognitiver Überlastung, verzerrter Leistungsbeurteilung und gestörtem Spielrhythmus führen. Ein einheitlicher Ball-Typ ermöglicht hingegen verlässliches Feedback, objektive Leistungseinschätzung und einen flüssigen Spielfluss – zentrale Voraussetzungen für Motivation, taktisches Lernen und faire Bewertungsprozesse. Fachliteratur und Empfehlungen des DBV bestätigen: Ein konstantes Materialangebot fördert nachhaltiges Lernen, klare Rückmeldeschleifen und vergleichbare Bedingungen für alle Lernenden. Differenzierung im Unterricht sollte daher nicht über verschiedene Bälle, sondern über methodische Anpassungen erfolgen.

## 2.2 Rahmenbedingungen für das „Be bad" Konzept

**Anschauungsmaterial**

Auch für das „Be bad" Konzept ist gutes Anschauungsmaterial hilfreich. Für den Schulunterricht stehen zahlreiche offene, didaktisch aufbereitete Materialien mit Bildern, Texten und Videos zur Verfügung. Die Kopiervorlagen der Reihe **„Sportiv – Badminton"** (Klett Verlag) enthalten vielfältige Anregungen – darunter Bildreihen zu Clear, Drop und Smash, differenzierte Checklisten zur Fehlerkorrektur sowie Reflektionsbögen zur Selbsteinschätzung, die direkt im Unterricht einsetzbar sind. Sie unterstützen sowohl die Entwicklung badmintonspezifischer Techniken als auch die Eigenwahrnehmung und das kooperative Lernen unter den Schülern.

Neben vielen anderen Plattformen bietet auch die Website **sportunterricht. de** von Rolf Dober Lehrkräften eine Vielzahl hochwertiger Materialien für den Badmintonunterricht. Diese umfassen unter anderem animierte Bewegungsabläufe zu Grundtechniken, die sich ideal als visuelle Unterstützung im Unterricht einsetzen lassen. Darüber hinaus stellt die Plattform u. a. Arbeitskarten, methodische Hinweise und auch einen digitalen Übungsplaner[1] bereit, mit dem man eigene Übungsformen kreieren und visualisieren kann.

**Lernförderliches Handeln der Lehrkraft**

In jeder Lerngruppe gibt es Schüler, die neue Bewegungen schnell erfassen, Einsichten zügig annehmen und mit Ausdauer und Offenheit an neuen Aufgaben arbeiten. Viele andere jedoch benötigen gerade zu Beginn einer neuen Spielidee oder Bewegungserfahrung schnelle Erfolgs- und Könnens-Erlebnisse, um ihre Lernbereitschaft aufrechtzuerhalten (siehe P. Klingen) [10]. Die Lehrkraft hat hier eine zentrale Rolle: Gelingt es ihr, eine lernförderliche Grundstimmung zu schaffen, erhöht das nicht nur die Aktivität der Schüler, sondern auch ihre Bereitschaft, sich kontinuierlich weiterzuentwickeln. Eine solche Atmosphäre entsteht durch klare Zielsetzungen, abwechslungsreiche Spielformen und den gezielten Einsatz unterstützender Maßnahmen und Materialien. Punktuell kann es die Motivation der Lernenden zusätzlich steigern, wenn die Lehrkraft selbst als Vorbild oder Bewegungsmodell auftritt – etwa, indem sie aktiv mitspielt oder einzelne Bewegungsbeispiele demonstriert. Ebenso wirksam sind positive Verstärkung, schnelles Feedback und differenzierte Angebote, die sowohl leistungsstarken als auch leistungsschwächeren Schülern gerecht werden.

---

[1] Die Grafiken der Spielformen sind mit dem Badminton-Planer dieser Web-Site erstellt worden. (http://www.sportunterricht.de/).

Für einen erfolgreichen Badminton-Unterricht ist es hilfreich, wenn die Lehrkraft über grundlegende eigene Bewegungserfahrungen in der Sportart verfügt. Fehlende Vorerfahrungen lassen sich jedoch durch Hospitationen im Vereinssport oder gezielte Fortbildungen ergänzen. Entscheidend ist nicht das eigene Spielniveau, sondern ein solides Verständnis der Grundprinzipien des Badmintonspiels sowie die Bereitschaft und Freude, diese zu vermitteln. Durch kontinuierliche Unterrichtspraxis wird sich auch die eigene Spiel- und Vermittlungskompetenz langfristig weiterentwickeln.

# Badminton in den Sekundarstufen: Hinführung zur Wettspielorientierung

## 3.1 Kompetenzorientierung und das Konzept „Be bad"

Die Kompetenzorientierung ist ein zentrales Prinzip des zeitgemäßen Sportunterrichts und in allen aktuellen Lehrplänen der Bundesländer fest verankert (KMK, 2012) [14]. Ziel ist es, Schüler dazu zu befähigen, sportliche Handlungen eigenständig, reflektiert und verantwortungsvoll auszuführen. Dabei stehen nicht nur motorische Fertigkeiten im Mittelpunkt, sondern auch kognitive, soziale und personale Aspekte des Lernens. Diese werden in Kompetenzbereiche untergliedert: Bewegungskompetenz, Sachkompetenz, Methodenkompetenz, Sozialkompetenz sowie Urteils- und Selbstkompetenz [29]. Lernen im Sportunterricht ist also mehrdimensional anzulegen. Es geht nicht allein um sportliche Leistung, sondern auch um Kommunikation, Kooperation, Urteilsbildung und Selbstverantwortung. Damit leistet die Kompetenzorientierung einen entscheidenden Beitrag zur Umsetzung des sogenannten Doppelauftrags des Schulsports. Dieser umfasst zwei gleichrangige Bildungsziele: die Entwicklungsförderung durch Bewegung, Spiel und Sport sowie die Erschließung der Bewegungs-, Spiel- und Sportkultur.

Im „Be bad..." Konzept steht die Bewegungs- und Sachkompetenz im Mittelpunkt. Die weiteren Kompetenzen werden gezielt und unterstützend im Lehr-Lernprozessen angesteuert. Im Zentrum stehen dabei eigenverantwortliche Lernprozesse, differenzierte Bewegungszugänge und eine reflektierende Haltung gegenüber dem eigenen Tun. Ziel ist es, dass Schüler sich in Spielsituationen nicht nur technisch angemessen, sondern auch taktisch klug, selbstkritisch und kooperativ verhalten. Verschiedene Instrumente wie das Schülerplakat, der Advance Organizer und andere später vorgestellte Materialien unterstützen diesen Ansatz (siehe Abschn. 3.5.1). Möchte die Sportlehrkraft ihren Unterricht noch

© Der/die Autor(en), exklusiv lizenziert an Springer-Verlag GmbH, DE, ein Teil von Springer Nature 2025
J. Pawelczyk, *Badminton im Schulsport*, essentials,
https://doi.org/10.1007/978-3-662-72290-9_3

deutlicher erzieherisch ausrichten, so bieten sich vor allem die Perspektiven „Das Leisten erfahren und verstehen" sowie „Miteinander kooperieren" an. Diese lassen sich sowohl in der Vorgehensweise bei Einführung der Spielformen als auch in Reflektionsphasen gezielt aufgreifen.

## 3.2 Pädagogische Vorüberlegungen

Das Konzept zeigt, wie das Wettkampfmotiv als positives und motivierendes Element in die Bewegungs- und Sportwelt von Schülern integriert werden kann. Der Wettkampf wird dabei nicht als Selektionsmittel verstanden, sondern als bewusst gestalteter Teil des Lernprozesses. Der Titel „Be bad..." signalisiert zunächst eine wettbewerbsorientierte Haltung – jedoch nicht im Sinne von „dem Gegner schaden". Vielmehr geht es darum, den Spielpartner sportlich herauszufordern, ihn dadurch zu fördern und sich selbst weiterzuentwickeln.

Diese Haltung spiegelt sich auch in der methodischen Umsetzung wider. Die spielerischen Aufgabenformate setzen gezielt motivierende Wettbewerbselemente ein, vermeiden aber selektive Strukturen oder individualisierende Bewertung. Stattdessen stehen kooperative Spielformen, flexible Rollenwechsel, gemeinsame Zielverfolgung und reflexive Phasen im Mittelpunkt. So entsteht ein Lernraum, in dem Wettbewerb nicht als störend, sondern als Motor für Motivation, Bewegungsfreude und Weiterentwicklung genutzt wird. Die Herausforderung wird zum Lernimpuls – nicht zur Belastung. Die Idee, im Spiel „gut schlecht" zu sein – also andere herauszufordern und gleichzeitig fair zu bleiben – eröffnet neue Zugänge zu einem reflektierten, fördernden Wettkampferleben.

Auch aus sportpädagogischer Sicht wird diese Herangehensweise unterstützt. Wettkampf spielt im Badminton wie in anderen Rückschlagspielen eine zentrale Rolle. In der erziehungswissenschaftlichen Diskussion wird er jedoch ambivalent bewertet: Einerseits besitzt er hohes pädagogisches Potenzial, andererseits birgt er auch Herausforderungen. Konstruktiv gestaltete Wettkampfsituationen können personale und soziale Kompetenzen stärken – etwa im Umgang mit Sieg und Niederlage, der Einhaltung von Regeln oder dem Erleben von Verantwortung und Fairness [4, 19]. Gleichzeitig warnen viele theoretische Ansätze vor übertrieben kompetitiven Lernumgebungen. Übermäßiger Leistungsdruck, soziale Vergleichsorientierung und die Unterdrückung intrinsischer Motivation können insbesondere bei Kindern und Jugendlichen negative Effekte hervorrufen [2, 17].

Die aktuelle sportpädagogische Literatur betont daher die Bedeutung eines reflektierten, pädagogisch gerahmten Wettbewerbs. So kann das Wettbewerbsprinzip, wenn es didaktisch sinnvoll eingebettet ist, zur Entwicklung von

Souveränität, Selbstbewusstsein und sozialer Verantwortung beitragen [8]. Entscheidend ist die Ausgestaltung: Transparente Regeln, der konstruktive Umgang mit Leistungsdifferenzen und ein kooperatives Lernklima bilden die Grundlage für ein motivierendes und gerechtes Wettkampferleben [18].

Das „Be bad..."-Konzept fügt sich in diese moderne Sichtweise ein. Es nutzt den Wettkampf als Lernchance – und fördert so nicht nur Bewegungskompetenz, sondern auch soziale und personale Entwicklung.

## 3.3 Didaktisch-methodische Vorüberlegungen

Das Konzept steht für ein altersgerechtes, verständliches Spielprinzip, das das Gegeneinander als motivierende Herausforderung begreifbar macht und zugleich zur Reflektion eigener Handlungen anregt. Im Zentrum steht dabei nicht eine frühzeitige Technikorientierung, sondern der Aufbau einer Sinnvorstellung: Gerade im Anfangsunterricht ist nicht die technisch perfekte Ausführung das vorrangige Ziel, sondern das Verstehen der Spielidee und die Entwicklung eines eigenen taktischen Repertoires. Dieser Gedanke folgt dem Grundsatz: *„Lehre erst, was zu tun ist – dann, wie es zu tun ist"* (Aebli 1968, S. 62, zitiert nach Wahl 2006, S. 31) [1, 27]. Die Schüler sollen zunächst nachvollziehen, warum sie bestimmte Spielhandlungen ausführen – also ein taktisches Grundverständnis entwickeln –, bevor sie sich mit dem Wie, also mit technischen Bewegungsabläufen und Schlagmustern, auseinandersetzen [5, 20].

Erkenntnisse aus der Lern- und Handlungspsychologie bestätigen die Wirksamkeit dieses Zugangs. Wenn Schüler den Sinn einer Handlung erkennen – also verstehen, warum sie etwas tun und wie diese Handlung zu einem Ziel führt –, erhöht sich ihre Bereitschaft, sich aktiv, engagiert und ausdauernd mit der Aufgabe auseinanderzusetzen. Die sogenannte „Sinnkonstruktion" gilt dabei als ein zentraler Motor erfolgreichen Lernens. Besonders die Handlungspsychologie hebt hervor, dass Lernen dann am wirksamsten ist, wenn es mit eigenem Handeln und einem erkennbaren Zweck verbunden ist [22]. Didaktisch bedeutet dies, dass Spiel- und Übungsformen so gestaltet werden sollten, dass sie nicht nur kognitiv fordern, sondern auch den subjektiven Sinn der Bewegung verdeutlichen.

Das „Be bad..."-Konzept greift diesen Gedanken auf, indem es zentrale Zielhandlungen formuliert, die den Sinn des Badmintonspiels für die Lernenden greifbar machen. Es geht nicht nur um das Wie einer Bewegung, sondern vor allem um das Warum: Warum lohnt es sich, einen Ball weit zu spielen? Was bringt ein überraschender kurzer Ball direkt hinter das Netz? Solche Fragen werden nicht abstrakt beantwortet, sondern in Spielsituationen erfahrbar gemacht.

Durch diese Verknüpfung von Sinn und Handlung wird Bewegungslernen nicht nur effektiver, sondern auch motivierender und nachhaltiger.

Ein stark technikzentrierter Unterricht kann dazu führen, dass Schüler die Motivation verlieren, weil sie glauben, ihnen fehle die notwendige Geschicklichkeit für das Spiel. Dabei ist gerade die Bereitschaft, sich anzustrengen, eine zentrale Voraussetzung für erfolgreiches Lernen. Erfolgt das Lernen spielerisch – beinahe unbemerkt – steigt die Wahrscheinlichkeit, eine längerfristige Lernhaltung zu entwickeln, die über bloßes Mitmachen hinausgeht und inhaltlichen Tiefgang ermöglicht. Um Frustration und Langeweile vorzubeugen, sollte dieses Thema frühzeitig im Unterricht angesprochen werden – daher wurde der Begriff Anstrengungsbereitschaft bewusst in den Advance Organizer aufgenommen (siehe Abschn. 6.2).

Gelingender Sportunterricht betont nicht nur individuelle Leistung, sondern auch kooperatives Lernen als Ziel und Mittel zugleich. Die Schüler sollen erkennen, dass ihre Leistungsentwicklung durch gegenseitige Unterstützung gefördert wird [23]. Gerade zu Beginn bedarf es dabei stärkerer Lenkung durch die Lehrkraft, bevor sukzessive zu eigenständiger Beobachtung, Reflektion und Bewertung übergegangen werden kann. Gelingt diese Umsetzung, wird der Doppelcharakter kooperativen Lernens [10] erfahrbar: Einerseits entsteht Leistungszuwachs durch Zusammenarbeit, andererseits erweitern die Schüler durch Kooperation ihr eigenes Handlungsspektrum.

Angesichts knapper Unterrichtszeit und vielfältiger Anforderungen besteht im Schulalltag die Gefahr, inhaltlich zu schnell voranzuschreiten. Die Auswahl der Inhalte wurde deshalb bewusst auf zentrale Zielhandlungen begrenzt (siehe Badminton-ABC Abschn. 3.5.4 und 6.5). Die Lernprozesse verlaufen in angepasstem Tempo, da Verstehen und Reflektion zentrale Elemente erfolgreichen Lernens sind.

Sportspielunterricht wird nachhaltiger, wenn implizite Lernprozesse durch gezielte Reflexionsphasen ergänzt werden [1, 13]. Beim sogenannten aktiven Lernen wechseln sich Bewegungsphasen mit Momenten kognitiver Verarbeitung ab. Diethelm Wahl [26] bringt es auf den Punkt: „Der Mensch muss das praktische Handeln unterbrechen und wird durch Konfrontation zum Nachdenken gebracht" (S. 29). Daher sind Gesprächs- und Feedbackzeiten ein fester Bestandteil des Konzepts. Sie erfolgen bevorzugt in Partner- oder Kleingruppenarbeit, um die Bewegungslernzeit hochzuhalten. Unterstützend kommt ein einfach strukturiertes Reflektionsblatt zum Einsatz (siehe Abschn. 6.6), dass die Schüler bei der Nachverfolgung ihrer Lernfortschritte anleitet. Feedback spielt dabei eine zentrale Rolle: Es umfasst sowohl die äußere Lernsteuerung durch die Lehrkraft als auch die Förderung der inneren Steuerung der Schüler – z. B. durch Zieltransparenz,

Reflektionsimpulse und Selbstbeobachtung. Peer-gestützte Rückmeldungen, etwa durch Ampelkarten (siehe Abschn. 3.5.1), und eine transparente Fehlerkultur verstärken die Wirksamkeit zusätzlich. So unterstützt das Konzept nicht nur die spielerische Entwicklung, sondern befähigt die Schüler auch, ihr eigenes Lernen bewusster zu beobachten, zu reflektieren und aktiv zu gestalten.

## 3.4 Vorüberlegungen zum spielorientierten Lernen

Drei zentrale Bewegungsschlüssel (siehe Abschn. 3.5.3 und 6.3) definieren den spielorientierten Lehr-Lernansatz. Diese Bewegungsschlüssel strukturieren das motorische Lernen, ermöglichen spielnahes Üben und schaffen Orientierung für Lehrende und Lernende. Im Fokus stehen dabei nicht isolierte Techniken, sondern übergreifende, wiederkehrende Bewegungsideen, die Spielverständnis, Handlungsschnelligkeit und Kontrolle fördern.

**Bewegungsschlüssel 1: Richtige Wurfhaltung – Fundament der Schlagtechnik**
Die Bewegungsähnlichkeit zwischen dem klassischen Schlagballwurf und den Überkopfschlägen im Badminton ist unübersehbar. Viele biomechanische Prinzipien, die beim Werfen erforderlich sind – etwa das Ausholen mit Rumpfrotation, die Gewichtsverlagerung, die Streckung von Arm und Handgelenk sowie eine koordinierte Ganzkörperbewegung – bilden zugleich die Grundlage für eine effektive Schlagtechnik im Badminton. Diese Parallelen ermöglichen einen gezielten didaktischen Transfer: Werfen und Schlagen werden nicht als getrennte Bewegungskategorien verstanden, sondern als aufeinander aufbauende motorische Entwicklungsschritte [24]. Für den schulischen Unterricht ergibt sich daraus eine klare methodische Linie: Zunächst wird bewusst auf den Schläger verzichtet, um durch einfache Wurfaufgaben zentrale Bewegungsmuster isoliert zu schulen. Eine sichere Wurfbewegung schafft somit wichtige Voraussetzungen für das Erlernen der Überkopfschläge im Badminton. In der Wurfhaltung lassen sich zentrale Bewegungselemente wie Körperspannung, Bewegungsrichtung, Blickführung und Impulsweitergabe erkennen – alles Aspekte, die später auch die Schlagtechnik prägen [16].

**Bewegungsschlüssel 2: Bereitschaftsstellung – Ausgangspunkt für Reaktion und Spielkontrolle**
Die Bereitschaftsstellung (fachlich auch als aktive Grundhaltung bezeichnet) bildet die zentrale Ausgangsposition für erfolgreiches Handeln im Badminton. Sie

ist Voraussetzung für Reaktionsschnelligkeit, Beweglichkeit und taktische Anpassungsfähigkeit – und damit ein unverzichtbarer Bestandteil des Spiels. Göhner hebt hervor, dass eine aktive Grundstellung für die Reaktions- und Bewegungsfähigkeit im Spiel zentral ist [5]. Kurz betont, dass der Verzicht auf eine aktive Grundhaltung im Schulunterricht häufig zu spielerischen Schwierigkeiten führt und als zentrale Ursache für Misserfolg angesehen werden kann [16]. Gerade im schulischen Kontext ist der Begriff Bereitschaftsstellung besonders geeignet, da er neben der körperlichen Position auch die psychische Präsenz der Schüler anspricht – also ihre Aufmerksamkeit, Motivation und Reaktionsbereitschaft. Die Bereitschaftsstellung sollte deshalb gezielt eingeführt, spielerisch geübt und regelmäßig in die Selbstreflektion eingebunden werden. Die Erfahrung zeigt: Durch diese Haltung verbessert sich das Spielniveau jedes Anfängers deutlich, da gelingende Schlagsituationen häufiger entstehen und der Ballkontakt kontrollierter erfolgt.

**Bewegungsschlüssel 3: Richtige Griffhaltung – Basis für präzises Spiel**
Viele Anfänger kennen den „Federballschläger" bereits aus dem Grundschul-, Familien- oder Freizeitbereich. In der Regel werden dort für das Badmintonspiel ungünstige Griffarten benutzt. Ein häufiger Fehler – besonders im Schulunterricht – ist der sogenannte „Bratpfannengriff" (auch „Pfannenwendergriff" genannt) bei dem der Schläger flach in der Hand liegt. Diese Haltung verhindert eine saubere Rotation aus dem Unterarm, erschwert präzises Treffen des Balls und blockiert fortgeschrittene Techniken wie den Überkopfschlag oder das Rückhandspiel. Der für den Anfängerunterricht deshalb zu empfehlende Universalgriff ist die zentrale Grundlage für nahezu alle Schlagarten wie Clear, Drive, Drop, Smash, Rückhand, Aufschlag. Sie alle lassen sich nur bei Nutzung des Universalgriffes erfolgreich durchführen, wie auch die einschlägige Literatur bestätigt [3, 16]. Wurfhaltung, Bereitschaftsstellung und Griffhaltung bilden somit das methodische Fundament für das motorische Lernen im Badminton.

## 3.5 Die fünf Phasen der Lehr-Lern-Praxis

Eine starre Anleitung für ‚guten Badmintonunterricht' ist weder möglich noch sinnvoll – zu unterschiedlich sind schulformbezogene, personelle und organisatorische Gegebenheiten.

Deshalb ersetzt das „Be bad…"-Konzept bewusst das klassische Stundenmodell durch eine flexible Phasenstruktur, die sich in der schulischen Realität mit variierenden Zeitressourcen, Lerngruppen und Rahmenbedingungen bewährt hat.

## 3.5 Die fünf Phasen der Lehr-Lern-Praxis

Aufbauend auf den beschriebenen Bewegungsschlüsseln entfaltet sich der Unterricht in fünf aufeinander aufbauenden Phasen. Diese geben der Lehrkraft eine klare Orientierung für Planung, Durchführung und Reflektion des Unterrichtsvorhabens.

▷ Phase 1 Vorbereitung des Unterrichts
Phase 2 Einstieg in das Unterrichtsvorhaben
Phase 3 Praxisstart mit 3 Bewegungsschlüsseln
Phase 4 Die „Be bad…"-Praxis – Das Badminton-ABC
Phase 5 Nachbereitung – Reflektion und Leistungsbewertung

Im zweiten Teil des Buches „Praxisbausteine" finden sich dazu konkrete Lehr- und Korrekturhilfen. Je nach Schulform – etwa 7. Klasse Sek. I oder 11. Klasse am Berufskolleg – können Umfang, Abfolge und Intensität der Phasen angepasst werden. Das Konzept bleibt dadurch flexibel, anpassbar und praxisnah einsetzbar.

### 3.5.1 Phase 1: Vorbereitung der Unterrichtspraxis

Für den Erfolg des Konzepts ist es sinnvoll, eine Vorlaufphase einzuplanen, damit sich die Schüler frühzeitig auf den kommenden Badmintonunterricht vorbereiten können. Diese Vororientierung beginnt bereits einige Wochen vor dem Start der eigentlichen Praxisphase. Ziel ist es, die Schüler frühzeitig einzubinden, ihre Neugier zu wecken, Lernprozesse sichtbar zu machen, Beteiligung zu ermöglichen und Eigenverantwortung zu stärken. Ein Aspekt dieser Vorbereitung betrifft auch den Umgang mit Materialien. Viele Schüler sind es aus dem Sportunterricht nicht gewohnt, regelmäßig mit Arbeitsblättern, Reflektionsbögen oder Kann-Listen zu arbeiten. Hier ist ein Umdenkprozess notwendig: Der reflektierende Umgang mit dem eigenen Lernen setzt voraus, dass auch im Fach Sport Materialien genutzt, mitgebracht und aktiv verwendet werden. Die Lehrkraft sollte diesen Prozess gezielt begleiten – durch klare Hinweise, etablierte Routinen und die sichtbare Integration solcher Materialien in den Unterrichtsablauf. Gerade ab der Sekundarstufe I erweist sich der Einsatz solcher Materialien als besonders wirksam: In diesem Alter verfügen die Lernenden zunehmend über die Fähigkeit, ihr eigenes Handeln zu beobachten, zu reflektieren und daraus Konsequenzen für ihr weiteres Lernen zu ziehen. Werden die Materialien altersgerecht eingeführt, sinnvoll angeleitet und regelmäßig aufgegriffen, fördern sie nicht nur die Entwicklung metakognitiver Kompetenzen, sondern stärken auch die Eigenverantwortung und machen Lernprozesse für die Schüler transparenter

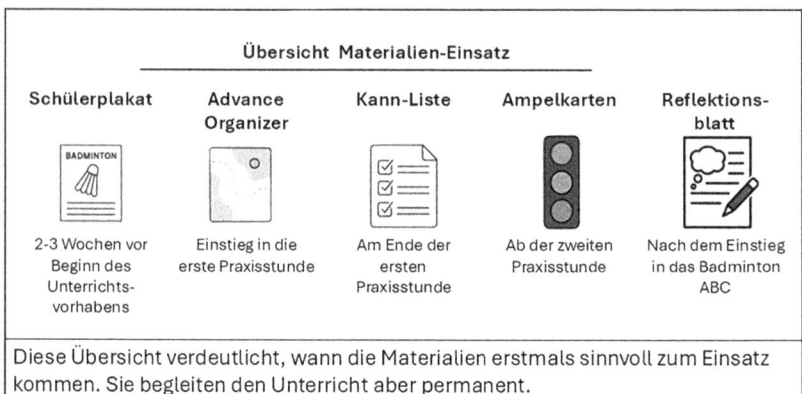

**Abb. 3.1** Übersicht Materialien Einsatz

und bedeutsamer. Die im weiteren Verlauf vorgestellten Materialien tragen gezielt zur Erreichung dieser Zielsetzungen bei. Sie ermöglichen strukturierte Lernwege, unterstützen die Reflektion und fördern eine aktive Mitgestaltung des Unterrichts durch die Schüler (Abb. 3.1).

**Schülerplakat: Perspektiven ernst nehmen – von Beginn an**
Das Schülerplakat fördert partizipatives Lernen und ist Ausdruck einer beziehungsorientierten Lernkultur. Etwa zwei bis drei Wochen vor Beginn der Unterrichtseinheit bietet sich im laufenden Sportunterricht so eine Vorbereitung für das Unterrichtsvorhaben an.

Dieses Plakat enthält Kategorien wie sie in Abb. 3.2 dargestellt sind:

Die Schüler können ihre Einträge in den Stunden vor dem eigentlichen Beginn ergänzen. Dieses Plakat wird zu Beginn des Unterrichtsvorhabens sichtbar in der Halle platziert. So entstehen ein erstes Zugehörigkeitsgefühl und ein transparenter

**Abb. 3.2** Schülerplakat

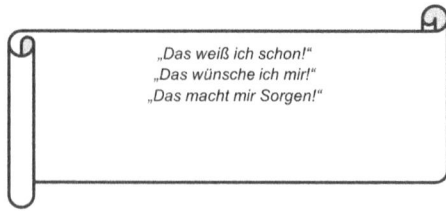

Austausch. Auch Widerstände oder Sorgen wie *„Ich will nicht schwitzen"* oder *„Bitte keine Theorie"* werden notiert, ernst genommen und im weiteren Verlauf thematisiert. Die Lehrkraft kann diese im Verlauf begründet einordnen und erklären, warum etwa Regelkunde oder Reflexion zum Lernprozess dazugehören.

**Advance Organizer: Orientierung von Anfang an (Siehe Abschn. 6.2)**
Ein Advance Organizer bietet den Schülern und der Lehrkraft Struktur und Ausblick [26]. Besonders bewährt hat sich eine Lernlandkarte, die zentrale Begriffe, Spielformen und methodische Schwerpunkte grafisch visualisiert. Diese kann – z. B. ausgeschnitten auf kleinen Karten – nach und nach aufgebaut werden. Während des Unterrichts kann der Organizer ergänzt werden – und entwickelt sich zu einem lebendigen, mitwachsenden Strukturinstrument.

**Kann-Liste: Lernziele transparent machen**
Auch wenn andere Materialien im zeitlichen Verlauf früher zum Einsatz kommen, bildet die Kann-Liste (Siehe Abschn. 6.1) das Zentrum des fachdidaktischen Denkens. Sie zeigt auf, welche Kompetenzen die Schüler am Ende einer Unterrichtsvorhabens erreicht haben sollen. Unterricht wird so vom angestrebten Ziel rückwärts geplant: Was sollen die Schüler am Ende sicher beherrschen und verstehen? Eine Kann-Liste unterstützt die Lehrkraft dabei, diese Zielklarheit zu schärfen [7]. Gleichzeitig bildet sie den roten Faden, um den Unterricht systematisch zu strukturieren und zu begleiten. Sie ist flexibel einsetzbar – etwa als Einstieg, als Abschluss einer Stunde oder auch in Spielpausen. Die erstellte Kann-Liste hilft nicht nur der Lehrkraft bei der Planung, sondern ermöglicht auch den Schülern eine Selbsteinschätzung. Dazu wird eine zusätzliche Spalte eingefügt, in der die Schüler ihren Lernstand durch Symbole, Farben oder Häkchen kennzeichnen. So wird die Fähigkeit zur Selbstreflektion gestärkt. Damit bietet die Kann-Liste eine transparente Grundlage für die Leistungsbewertung und kann auch als Ausgangspunkt für Notengespräche dienen. Die Formulierungen sollten stets an Alter, sprachliche Fähigkeiten und Lernniveau der jeweiligen Klasse angepasst werden. Zum Beispiel:

- „Ich kann den Ball weit über den Gegner spielen und ihn laufen lassen."
- „Ich kann die Spielregeln benennen und im Spiel anwenden."
- „Ich kann mein Reflexionsblatt sinnvoll ausfüllen."

**Ampelkarte: Beobachten, Rückmelden, Einschätzen**
Die Ampelkarte[1] ist ein einfaches, effektives Werkzeug zur individuellen Rückmeldung und zur Förderung kooperativen Lernens. Beobachtende Schüler (z. B. bei motorischer Inaktivität) bewerten mithilfe von drei unterschiedlich farbigen Karten gezielt ein Merkmal:

- Grün: Merkmal wird sicher erfüllt
- Gelb: Merkmal wird teilweise erfüllt
- Rot: Merkmal fehlt

Die Ampelkarte stärkt das Beobachtungsvermögen, die Selbst- und Fremdwahrnehmung sowie das sportartbezogene Wissen, und kann auch von der Lehrkraft als Rückmeldeinstrument verwendet werden. Sie eignet sich auch besonders bei großen Gruppen, um Schülern in Spielpausen aktive Beteiligung zu ermöglichen. Situativ können auch diese Beobachtungen in kurzen Reflektionsphasen direkt am Übungsort besprochen werden.

**Das Reflektionsblatt: Lernen sichtbar machen**
Das Reflektionsblatt (siehe Abschn. 6.6) ist direkt an das Badminton-ABC gekoppelt und unterstützt die individuelle Rückschau nach wichtigen Lernphasen oder Spielformen. Durch gezielte Fragen wie *„Was ist mir gelungen?"*, *„Was war noch schwierig?"* oder *„Was möchte ich verbessern?"* fördern die Schüler ihre metakognitiven Fähigkeiten. Begleitet durch gemeinsame Phasen des Austauschs lernen sie voneinander und entwickeln ein vertieftes Verständnis ihrer Lernprozesse. Die Reflektion erfolgt dabei nicht zwingend im Plenum, sondern häufig in Partner- oder Kleingruppenarbeit oder auch individuell – etwa während Spielpausen. Zu Beginn sollte die Lehrkraft gezielt Impulse setzen und die Schüler anleiten, diese Phasen bewusst zu nutzen. Im weiteren Verlauf übernehmen die Lernenden zunehmend selbstständig Verantwortung dafür, ihre Rückschau eigeninitiativ in Spielunterbrechungen zu integrieren. So bleibt der Anteil echter Lernzeit – „BewegungsLERNzeit" – hoch, da kognitive Auseinandersetzung und körperliche Aktivität in einem sinnvollen Verhältnis stehen. Die Lehrkraft sollte dabei Interesse an den Eigenbeobachtungen der Schüler zeigen – etwa durch gezielte Rückfragen zu individuellen Einträgen. Auf diese Weise wird aus schriftlicher Reflektion ein dialogischer Lernimpuls, der individuelle Förderung ermöglicht.

---

[1] Bezugsmöglichkeit für Ampelkarten z. B. über den K2-Verlag: k2-verlag.de/shop/ampelkarten (Stand: Juli 2025).

## 3.5.2 Phase 2: Einstieg in die Unterrichtspraxis

Manche Sportlehrkräfte beginnen ein Unterrichtsvorhaben ohne Einstiegsgespräch, sondern direkt mit der Praxis. In bestimmten Klassen oder Situationen kann dies aus motivationalen Gründen sinnvoll sein. Didaktisch fundierter, und durch empirische Forschung gestützt [6, 13, 28] ist ein Einstieg, der Transparenz schafft, Orientierung bietet und zur Aktivierung beiträgt – besonders in der ersten Stunde eines kompetenzorientierten Unterrichts. Ein gelungener Einstieg ist entscheidend für Motivation und Lernbereitschaft. In dieser Phase geht es darum, Neugier zu wecken, Orientierung zu geben und die Schüler aktiv auf den bevorstehenden Lernprozess einzustimmen. Bereits beim Betreten der Sporthalle begegnen die Schüler dem bekannten Schülerplakat, das als konstanter Bezugspunkt während der Unterrichtsvorhabens dient und im weiteren Verlauf immer wieder genutzt werden kann. Im Mittelpunkt der Einstiegsphase steht jedoch der Advance Organizer in Form der Lernlandkarte, die den Schülern einen ersten zentralen, visuellen Zugriff auf das „Be bad..."-Konzept bietet. Die Lernlandkarte schafft Transparenz, gibt Orientierung und ermöglicht es den Lernenden, einen ersten Überblick über die bevorstehenden Lerninhalte und Zielsetzungen zu gewinnen.

Mit Blick auf diese Lernlandkarte wird mit einer einfachen, aktivierenden Frage der wettkampforientierte Charakter des Konzepts von Beginn an in den Fokus gerückt:

▷ „Was könnte man im Zusammenhang mit Badminton unter ‚Be bad' verstehen?"

Je nach Vertrautheit der Lerngruppe mit offenen Austauschformaten bietet sich hier ein kurzes Zwiegespräch (Murmelrunde, max. 1 min) an. Alternativ kann ein Blitzlicht im Plenum erfolgen, oder die Antworten werden an der Magnettafel gesammelt. So wird die Spielidee des Konzepts bereits in der ersten Bewegungseinheit kognitiv verankert. Anschließend erfolgt der Übergang in die praktische Umsetzung.

## 3.5.3 Phase 3: Einführung der Bewegungsschlüssel

Die in Abschn. 3.4 beschriebenen drei Bewegungsschlüssel werden in dieser Praxiseinheit schrittweise aufgegriffen. Begonnen wird mit aufeinander aufbauenden Wurf-Spielformen, in denen die ersten beiden Bewegungsschlüssel – Wurfausführung und Bereitschaftsstellung – praktisch erprobt werden. Wie diese aufgebaut und gesteuert werden können, wird im Praxisbaustein 4 erläutert (siehe Abschn. 6.4). Erfahrungswerte zeigen, dass diese vorbereitenden Übungen in allen Altersstufen mit hoher Motivation durchgeführt werden – insbesondere, wenn sie durch Variationen ergänzt oder in späteren Stunden als Aufwärm- oder Wiederholungsform wieder aufgenommen werden.

Wichtig dabei: Die Partner sollten regelmäßig wechseln – z. B. nach einer bestimmten Wurfanzahl, nach Treffern oder in zeitlichen Intervallen. So bleibt die Dynamik erhalten, und alle Schüler werden aktiv eingebunden. Für jüngere Schüler kann dieser Einstieg auch länger gestaltet werden. In einer kurzen Besprechungsphase können dann auch erste Zusammenhänge zwischen den Übungen und dem Unterrichtsziel reflektiert werden. Eine einfache, aktivierende Frage greift dabei nochmals den zentralen Begriff des Konzepts auf: *„Was haben die ersten Wurfübungen mit dem Ziel „Be bad…" zu tun?"*

Diese Phase eignet sich auch, um den dritten Bewegungsschlüssel – die Griffhaltung – einzuführen. Die richtige Handhabung des Schlägers wird demonstriert, beschrieben und gemeinsam eingeübt (siehe Abschn. 6.4). Durch eine erste Aufgabe wie *„Spiele den Ball so oft wie möglich hoch"* sowie durch weitere aufbauende Übungsformen werden Koordination, Technik und Motivation spielerisch gefördert. Anfängerklassen profitieren von einer verlängerten Übungszeit, während fortgeschrittene Gruppen schneller in ein freies Miteinanderspiel übergehen können, bei dem erste stabile Ballwechsel gelingen.

**Ziel bleibt:** Ziel ist die richtige Griffhaltung nicht nur zu demonstrieren, sondern sie durch eigenständiges Ausprobieren, gezielte Rückmeldung und wiederholte Anwendung nachhaltig zu verankern. Am Ende dieser Phase sollten die Schüler in der Lage sein, mehrere Ballwechsel im Zusammenspiel sicher durchzuführen.

Um Frustration zu vermeiden und von Beginn an Erfolgserlebnisse zu ermöglichen, empfiehlt es sich, ergänzend eine einfache Alternative einzuführen: das sogenannte **„Anwippen"** des Balles. Dabei wird der Ball auf den Schläger gelegt und durch eine kleine, kontrollierte Schwungbewegung nach oben befördert, sodass ein erneutes Spielen oder späteres Zuspiel problemlos gelingt (Abb. 3.3).

**Abb. 3.3** Anwippen

Wichtig ist, dass sowohl das kooperative Spiel miteinander als auch das spätere Gegeneinander-Spielen nicht durch fehlende Geschicklichkeit beim Aufschlag behindert wird. Das „Anwippen" bietet hier eine niederschwellige, spielerische Lösung, um den Einstieg zu erleichtern. Talentierte Schüler können den Ball alternativ bereits durch eine normale Aufschlagbewegung ins Spiel bringen. Auch der Rückhandaufschlag kann als weitere Möglichkeit genutzt werden, um Schüler mit Schwierigkeiten beim Vorhandaufschlag eine sichere Anspielmöglichkeit zum Partner zu bieten.

### 3.5.4 Phase 4: Das Badminton ABC

Mit der vierten Phase wird der Übergang vom spielerischen Miteinanderspiel zum gezielten Gegeneinander Spiel systematisch vorbereitet. Aufbauend auf den zuvor eingeführten Bewegungsschlüsseln und dem Grundgedanken der Spielorientierung erschließen die Schüler nun zentrale Prinzipien des Badmintonspiels. Daher sollte schon in der ersten Unterrichtsstunde auch in weniger fortgeschrittenen Klassen – Zeit für die erste Spielform (siehe „Treibball") eingeplant werden, damit der zentrale Zielgedanke – „Spiele so, dass der Gegner den Ball nicht erreicht" – von Anfang an spielerisch erfahrbar wird.

Das Badminton ABC wird durch drei zentrale Zielhandlungen gekennzeichnet.

▷ A „Ich spiele weit über den Gegner und lasse ihn laufen."
   B „Ich täusche den langen Ball an und spiele kurz hinter das Netz."
   C „Ich spiele hart und steil nach unten – und der Gegner erreicht nicht den Ball."

Die Schüler werden mit diesem ABC schrittweise an die grundlegenden Spielideen herangeführt. Jeder „Buchstabe" wird durch **drei aufeinander abgestimmte Spielformen** vermittelt (siehe Abschn. 6.5). Das ABC orientiert sich an den Schlagtypen *„Clear"*, *„Drop"* und *„Smash"*, verzichtet jedoch zunächst bewusst auf deren Fachbegriffe. Stattdessen steht eine einfache, handlungsorientierte Sprache im Mittelpunkt, die den Zweck der Spielhandlungen verdeutlicht und den Schülern den Sinn der Spielformen erschließt – sie verstehen, warum eine bestimmte Aktion im Spiel sinnvoll ist, und erleben deren Wirkung unmittelbar im Handlungsvollzug. So wird ein kognitiver Anker gesetzt, der das Bewegungsverhalten zielgerichtet steuert und das Lernen nachhaltiger macht. (siehe Abschn. 3.3).

Für die Realisierung des Badminton-ABC ist ein Zeitraum von mehreren Doppelstunden (etwa 4–6) sinnvoll einzuplanen, abhängig von den Vorerfahrungen und dem Lernfortschritt der Schüler.
Alle Spielformen folgen einem einheitlichen Ordnungsrahmen:

- Drei wechselseitige Ballkontakte („miteinander spielen") leiten das Spiel ein – erst danach wird gegeneinander gespielt.
- Einfache Punkteregeln steuern das Spiel.
- Partnerwechsel sorgen für Variation

**Zielhandlung A: Das nach hinten treibende Spiel** *(Clear)*
Im Fokus steht der weite, möglichst über die Reichweite des Gegners gespielte Überkopfschlag, der ihn aus der Feldmitte treibt und Raumgewinn ermöglicht. In Spielformen wie „Treibball" oder „Je länger, je lieber" erkennen die Schüler, das durch gezieltes Überkopfspiel das Spielfeld nach hinten geöffnet wird. Der Spielpartner wird an die Grundlinie zurückgedrängt wodurch sich anschließend weitere Spielmöglichkeiten ergeben.

**Zielhandlung B: Das kurze, überraschende Spiel** *(Drop)*
Hier liegt der Fokus auf kurzen, präzisen platzierten Bällen direkt hinter das Netz. Die Schüler lernen, durch Täuschungen und Rhythmuswechsel lange Bälle gezielt mit einem kurzen Ball zu kombinieren. Spielformen wie „Mit Ansage" oder „In der Kürze liegt die Würze" fördern das taktische Denken und die bewusste Schlagvorbereitung. Darüber hinaus ist es sinnvoll, die Bedeutung der zentralen Spielfeldposition bewusst zu thematisieren und grundlegende badmintonbezogene Laufbewegungen zumindest ansatzweise anzubahnen.

**Zielhandlung C: Das druckvolle Angriffsspiel** *(Smash)*
Diese Zielhandlung führt an den steil, hart und präzise gespielten Angriffsschlag heran. In Spielformen wie „Beinhart" oder „Duell" üben die Schüler, den Ball vor dem Körper zu treffen, um Tempo und Zielgenauigkeit zu steigern. So werden erste Erfolgserlebnisse mit Smash-ähnlichen Bewegungen ermöglicht.

**Handlungshinweise für Lehrkräfte**
Damit das Badminton-ABC seine Wirkung voll entfalten kann, bedarf es einer sorgfältigen methodischen Steuerung durch die Lehrkraft. Besonders im Anfangsunterricht kommt der Lenkung der Spielformen eine zentrale Bedeutung zu: Die Balance zwischen Anleitung, Kontrolle und sukzessiver Übergabe von Ver-

## 3.5 Die fünf Phasen der Lehr-Lern-Praxis

antwortung an die Schüler ist entscheidend für den Lernerfolg. Die folgenden Hinweise konkretisieren, worauf es im methodischen Vorgehen besonders zu achten gilt.

- Zu Beginn sollte die Aufmerksamkeit der Lehrkraft vor allem auf die Organisation und der Einhaltung des vorgegebenen Ordnungsrahmens liegen. Darüber hinaus sind die Bewegungsschlüssel kontinuierlich im Blick zu behalten. Gezielte Rückmeldungen zu Griffhaltung, Treffpunkt und Schwungführung sind hierbei besonders wichtig. Leistungsstärkere Schüler können dabei unterstützend als Bewegungsmodell dienen.
- Um Überforderung und Frustration zu vermeiden, sollten differenzierende Maßnahmen von Anfang an mitgedacht werden. Bei den Spielformen zeigt sich häufig, dass nicht alle Lernenden gleichermaßen erfolgreich sind. Unterschiede in der Trefferquote oder in der Schlagausführung sind normal. Hier sollte die Lehrkraft gezielt entscheiden, ob eine kurze, differenzierende Unterbrechung hilfreich ist. Diese „Atempause" muss nicht die gesamte Gruppe betreffen, sondern kann sich gezielt an einzelne Lernende richten, die sich entweder selbst ihrer Schwierigkeiten bewusst sind *(„Ich habe nicht so viel Kraft", „Ich komme nicht so weit")* oder deren Defizite durch Beobachtung der Lehrkraft aufgefallen sind. Solche Unterbrechungen bieten die Gelegenheit, individuelle Hilfestellung zu geben. Ein Angebot wie:
*„Diejenigen, die mit ihren Schlagerfolgen noch nicht zufrieden sind, können sich einmal mit mir auf Feld 1 treffen – wir schauen uns das gemeinsam an."* schafft Raum für gezielte Förderung, ohne den Spielfluss der gesamten Gruppe unnötig zu unterbrechen.
- Um unterschiedlichen Lernentwicklungen gerecht zu werden, kann es darüber hinaus sinnvoll sein, einzelnen Schülern oder Gruppen ein schnelleres Voranschreiten zu ermöglichen. Nicht alle müssen im gleichen Tempo durch die Spielformen geleitet werden. Wer die grundlegenden Anforderungen sicher beherrscht, kann früher an weiterführende Spielformen herangeführt werden.

### 3.5.5 Phase 5: Leistungsbewertung im Kontext des „Be bad"-Konzepts

Die Leistungsbewertung ist durch aktuelle curriculare Vorgaben komplexer geworden. Neben der sportlichen Leistungsfähigkeit sollen auch überfachliche Kompetenzen (Schlüsselqualifikationen) wie beispielsweise Anstrengungsbereitschaft, Reflexionsvermögen und Kooperationsfähigkeit in die Bewertung einfließen. Diese Vielfalt stellt Lehrkräfte vor enorme Herausforderungen in Bezug auf inhaltliche Kriterien sowie der nötigen Prozessorientierung und Transparenz. Die einzelnen Schritte des Bewertungsprozesses – Leistungserfassung, Leistungsbeurteilung und Notengebung können an dieser Stelle nicht im Detail dargestellt werden. [9] Das vorliegende Konzept berücksichtigt diese Aspekte. Im Mittelpunkt der Leistungsbewertung steht jedoch die im Unterricht entwickelte Spielfähigkeit, die sich insbesondere in der taktischen Umsetzung des Wettspielgedankens sowie in der Bewegungsqualität zeigt.

Die konkrete Umsetzung der Leistungserfassung wird über drei inhaltliche Bereiche und Formate bewirkt.

**Drei inhaltliche Bereiche und Formen der praktischen Umsetzung**

**1. Turniere**
Turniere bilden einen wichtigen Bestandteil der Leistungserfassung und Beurteilung, da das „Be bad..."-Konzept im Kern auf Lernen in und durch Spielsituationen beruht. Verschiedene Turnierformate (siehe Abschn. 6.9) ermöglichen es den Schülern, Spielhandlungen unter realistischen Bedingungen anzuwenden. Während in kleineren Klassen ein Jeder-gegen-Jeden-Format praktikabel ist, bietet sich in größeren Klassen z. B. ein Liga-System an. Die Ergebnisse sollten in der Regel geschlechtergetrennt bewertet werden, um körperliche Unterschiede fair zu berücksichtigen.

**2. Bewegungsdemonstration**
Eine punktuelle Beurteilung bietet den Vorteil, gezielt zu erkennen, wie sicher ein Schüler zentrale Elemente des Konzepts in einer Spielsituation umsetzt. Auch die im Turnierbereich weniger erfolgreichen Schüler können hier Lern- und Leistungsfortschritte sichtbar zeigen, was eine differenzierte und faire Bewertung ermöglicht. Ein Beobachtungsraster hilft, Beobachtungen zu strukturieren und zu dokumentieren. In fortgeschrittenen Klassen kann es auch für Partnerbeobachtungen genutzt werden.[2]
Die Spielform „Lang – Lang – Kurz" eignet sich besonders gut, da sie wesentliche Inhalte des Unterrichts abbildet. Sie ermöglicht die Beobachtung konkreter Kriterien wie die Bereitschaftsstellung, Griffhaltung, Grobform der Schlag-

---

[2] http://www.sportunterricht.de/badminton/technik1.html (Siehe dort Beobachtungsbogen Word).

bewegung, Raumverhalten sowie – sofern eingeführt – auch badminton-spezifische Laufbewegungen. Diese Spielform kann paarweise durchgeführt werden. Sofern sich Spielprobleme zeigen, kann die Lehrkraft ad hoc als Sparringspartner agieren. Letzteres erfordert jedoch eine hohe eigene Spielkompetenz sowie eine strukturierte Beobachtungsfähigkeit, da die Lehrkraft gleichzeitig als Spielpartner, Beobachter, Bewertender und Rückmeldender agieren muss. Der Vorteil liegt darin, dass sich das Spieltempo individuell anpassen lässt.

▶ Diese Form der Bewertung setzt voraus, dass die Klasse währenddessen eigenständig ihre Turniere fortführen kann.

**3. Sonstige Mitarbeit**
Nicht nur die sportlichen Fähigkeiten der Schüler werden Gegenstand der Leistungserfassung und Notengebung, sondern auch andere Aktivitäten sind zu erfassen und zu beurteilen. Dazu gehören, z. B. folgende Möglichkeiten:

- die aktive Nutzung von Kann-Listen,
- Beteiligung in Gesprächs- und Reflektionsphasen,
- Unterstützung anderer Schüler
- Eigeninitiative bei Organisationsaufgaben.

Gerade bei leistungsschwächeren Schülern liefern solche Beobachtungen wichtige Hinweise auf ihr unterrichtliches Engagement. Weniger engagierten Lernenden sollte die Lehrkraft frühzeitig deutlich machen, dass auch (Nicht-)Mitarbeit in die Bewertung einfließt. So beugt man Missverständnissen und Konflikten bei der Notengebung vor.

**Gewichtung und Notenrückmeldung**
Diese drei Bereiche der Leistungsbewertung können je nach Kontext und evtl. Einbindung der Klasse unterschiedlich gewichtet werden. Die Entscheidung obliegt aber immer der Lehrkraft.
  Die Notenmitteilungsgespräche stellen nicht selten eine besondere Herausforderung für die Lehrkraft dar [11]. Wünschenswert wäre ein persönliches Notengespräch mit jedem Schüler. Dies ist aber aus zeitlichen Gründen kaum möglich. Eine Konzentration auf „kritische Fälle" kann nützlich sein. Besonders sinnvoll sind solche Gespräche bei Schülern, deren Selbsteinschätzung stark von der Bewertung der Lehrkraft abweicht. Dabei kann die Lehrkraft gezielt nachfragen, z. B.:

*„Ich habe bemerkt, dass du sehr überrascht oder enttäuscht warst – was hast du erwartet?"*
*„Gab es Leistungen, die ich nicht gesehen oder zu wenig berücksichtigt habe?"*

Ein Eigenbewertungsblatt (siehe Abschn. 6.8) kann die Notenrückmeldung und das Notengespräch vorbereiten und erleichtern.

**Pädagogischer Hinweis** Versöhnlich können solche Gespräche ablaufen, indem man die gezeigte Anstrengung und damit verbundene Leistungsentwicklung anerkennt, gleichzeitig aber auf bestehende Lern- und Leistungslücken hinweist. Ein hilfreiches Wort in diesen Gesprächen ist **„noch"** – es signalisiert, dass die gezeigte Anstrengung anerkannt wird, aber das Ziel zu diesem Zeitpunkt noch nicht erreicht ist.

# 4 Ergänzende Tipps für das Gelingen von „Be bad"

Gelingender Unterricht beginnt mit der Etablierung klarer Rahmenbedingungen. Verlässliche Rituale – wie der gemeinsame Netzaufbau, das strukturierte Einsammeln von Schlägern und Bällen oder ein klarer Stundenabschluss – geben den Schülern Orientierung, fördern Verlässlichkeit und stärken das Lernklima. Ebenso wichtig ist eine konsequente Materialpflege: Von Beginn an sollten die Schüler einen verantwortungsvollen Umgang mit Schlägern, Bällen und Netzen lernen. Darauf aufbauend lassen sich folgende methodische Tipps gezielt im Unterricht umsetzen:

**1. Einkoordinieren statt Warmlaufen** Der Stundenbeginn dient dazu, die Schüler gezielt auf Bewegungsabläufe und koordinative Elemente einzustimmen. Auf unspezifisches Aufwärmen – wie z. B. Rundenlaufen – wird bewusst verzichtet. So lassen sich wertvolle Lernzeit sichern, Wiederholungen integrieren und gleichzeitig thematische Übergänge zum Stundenschwerpunkt schaffen.

▶ **Wichtig**
Im Mittelpunkt des Einkoordinierens steht das paarweise Einspielen:

- Die Schlagbewegungen werden zielgerichtet, bewusst und konzentriert, jedoch mit reduziertem Kraftaufwand und angepasster Dosierung ausgeführt.
- Die Lehrkraft weist auf die Schwerpunkte der jeweiligen Einspielphase hin und übernimmt dabei die Rolle des aktiven Beobachters und Impulsgebers.
- Inaktive Schüler können mithilfe von Ampelkarten gezielt einzelne Beobachtungsmerkmale zurückmelden.

Auf die Bewegungsschlüssel sollte in diesen Sequenzen wiederholt eingegangen und gezielt hingewiesen werden. Ergänzend können unterschiedliche Organisationsformen eingesetzt werden – etwa festgelegte Schlagreihenfolgen, spielerische Rundlaufvarianten oder Gruppenübungen, die gezielt koordinative Bereiche ansprechen. Dabei lassen sich auch z. B. die badmintonspezifischen Laufbewegungen integrieren: Ähnlich wie bei einstudierten Tanzschritten werden festgelegte Bewegungsfolgen rhythmisch wiederholt und so schrittweise automatisiert.

**2. Als Lehrkraft mitspielen** Die Lehrkraft kann gezielt als Bewegungsmodell oder Sparringspartner agieren. Überzeichnete Bewegungen erhöhen die Anschaulichkeit und erleichtern das Verständnis taktischer und technischer Inhalte.

**3. Kontrastierende Bewegungserfahrungen ermöglichen** Bewegungslernen profitiert von Gegensätzen. Wenn unterschiedliche Ausprägungen bewusst erfahrbar gemacht werden, so kann dies sowohl das Bewegungsverständnis als auch die kinästhetische Differenzierungsfähigkeit fördern. Beispiel hierzu: Hart vs. weich schlagen, Spiel auf großen vs. kleinen Feldern, linke vs. rechte Seite nutzen oder Bewegungen kurz einfrieren.

**4. Anleiten: Bewegung zuerst sehen – dann fühlen lernen** Zu Beginn des motorischen Lernens dominiert das Sehen, während das kinästhetische Empfinden (Bewegungsgefühl) noch wenig ausgeprägt ist. Erst in der Übergangsphase von der Grob- zu Feinkoordination gewinnt das Fühlen an Bedeutung. Gezielte Beobachtungshinweise und der Einbezug verschiedener Sinneszugänge unterstützen das Bewegungserleben: Sehen: *„Achtet auf Petras Treffpunkt!"* Hören: *„Hört mal genau auf das Schlaggeräusch bei Pascal!"* Fühlen: *„Spürt ihr den Unterschied beim Schlag, wenn ihr den Ball ganz sauber trefft, oder wenn er unsauber getroffen wird."*

**5. Verbalisierung in einfacher Sprache** Kurze, prägnante Begriffe *(„Schläger in den Rucksack stecken")* fördern das Bewegungsverständnis und helfen, das eigene Spiel bewusster zu steuern

**6. Zuspieler gezielt einsetzen** Zuspieler übernehmen eine zentrale Rolle im Lehr- Lernprozess. Ihre Funktion reicht vom rhythmischen Anspielen über das Stellen variierender Anforderungen bis zur gezielten Unterstützung bei Spielaufgaben. Je nach Lernsituation kann sich daraus auch die Rolle des Sparringspartners entwickeln.

**7. Rückmeldungen lernwirksam gestalten** Qualitative Rückmeldungen stärken das Spiel- und Technikverständnis (*„Das hat schon gut funktioniert bei dir! Daran solltest du noch feilen!"*). Neben der Rückmeldung durch die Lehrkraft unterstützen auch Partnerbeobachtungen und strukturierte Aufgabenstellungen den Lernfortschritt. Hilfsmittel wie Ampelkarten erleichtern eine einfache und fokussierte Rückmeldung. Sofern Schüler über ein sehr gutes Verständnis im Badminton verfügen, kann auch peer-gestütztes Feedback sinnvoll sein.

# Weiterführung von „Be bad" zum Wettkampfspiel 5

Die Vorgaben für den Sportunterricht in den Bundesländern sind zwar unterschiedlich ausgestaltet – insbesondere hinsichtlich der verbindlichen Inhalte und der Gewichtung einzelner Sportarten –, verfolgen jedoch meist gemeinsame Leitlinien wie Kompetenzorientierung und Bewegungsvielfalt. Während konkrete Sportarten wie Badminton vielerorts nur exemplarisch für ein Bewegungsfeld (Rückschlagspiele) stehen, lässt die curricular verankerte Offenheit Spielräume für vertiefende Schwerpunktsetzungen zu.

Sollte es im Verlauf der Sekundarstufe I oder auch in der Sekundarstufe II möglich sein, eine zweite Unterrichtssequenz von etwa 6 bis 8 h Badminton zu realisieren, kann das „Be bad..."-Konzept in seiner Zielrichtung sinnvoll erweitert werden. Aufbauend auf der ersten Spielphase bietet sich dann eine Vertiefung an – etwa durch ein differenzierteres taktisches Verständnis des Badminton-ABCs, die gezielte Förderung badmintonspezifischer Lauf- und Reaktionsfähigkeiten sowie eine stärker reflektierende Begleitung des Lernprozesses. Denkbar sind hier auch weiterführende Schlagtechniken (z. B. Rückhandschläge, Spiel am Netz) oder die Übertragung des Konzeptes auf das Doppelspiel. Zugleich kann in dieser Vertiefungsphase die Selbstständigkeit der Schüler gestärkt werden, indem sie in wechselnden Rollen Verantwortung übernehmen – etwa als Experte, Modell, Ratgeber, Feedbackgeber, Beobachter oder Sparringspartner. So wird „Be bad..." nicht nur motorisch und taktisch, sondern auch sozial und methodisch weiterentwickelt.

Für die gymnasiale Oberstufe bietet sich eine gezielte Schwerpunktsetzung an, die über die dargestellten allgemeinen Erweiterungsmöglichkeiten hinausgeht. Die folgende Übersicht versteht sich nicht als verbindliche „Kann-Liste", sondern als strukturierte Orientierungshilfe, mit der Lehrkräfte zentrale Technik-, Taktik- und Reflexionskompetenzen je nach Lerngruppe, Zielsetzung und

Stundenumfang gezielt vertiefen können. Im Unterschied zu den allgemeinen Erweiterungsvorschlägen liegt hier der Fokus auf einer systematisierten Aufbereitung möglicher Kompetenzbereiche, die sich in der Unterrichtspraxis der Sek. II bewährt haben (Tab. 5.1).

**Didaktisch strukturierte Übersicht möglicher Unterrichtsaspekte im „Be bad"-Unterricht der Sekundarstufe II**

**Tab. 5.1** Didaktisch strukturierte Übersicht im „Be bad"- Unterricht Sekundarstufe II

| | |
|---|---|
| Bewegungs-<br>technische<br>Kompetenz | • Die Bewegungsschlüssel fachsprachlich wiedergeben und an Beispielen erläutern<br>• Die wichtigsten Unterschiede in den Grundschlägen demonstrieren und benennen<br>• Die Elemente der badmintonspezifischen Lauftechnik benennen und demonstrieren<br>• Die Grundschläge (Aufschlag, Clear, Dop, Smash) im Spiel taktisch situativ richtig anwenden |
| Spiel- und<br>Entscheidungs-<br>kompetenz | • Die Spielregeln im Badminton-Einzel erläutern und auch als Schiedsrichter fungieren<br>• Die wichtigsten taktischen Grundsätze im Badminton-Einzel benennen und erläutern<br>• Einem Partner als Sparringspartner dienen und ihn in seiner Zielsetzung unterstützen |
| Reflexions-,<br>Urteils- und<br>Sozial-<br>kompetenz | • Die Grundideen von „Be bad…" fachsprachlich wiedergeben und an Beispielen erläutern<br>• Einem Partner detailliert Feedback zu seiner Technik geben und Korrekturhinweise formulieren<br>• Die Leistung eines Partners im Vergleich zur eigenen Leistungsfähigkeit einschätzen und Unterschiede benennen<br>• Ein eigenes Lernziel formulieren, die Zielerreichung planen und reflektierend einschätzen |

# Praxisbausteine für den Unterricht 6

▷ Dieser zweite Teil des Buches zeigt, wie die zentralen Leitgedanken – etwa die Bewegungsschlüssel, die reflektierte Spielorientierung oder die Integration von Feedbackmaterialien – methodisch und organisatorisch umgesetzt werden können. Dabei handelt es sich um handlungsleitende Impulse, die je nach Klassensituation, Leistungsniveau und Stundenverlauf flexibel angepasst werden können. Die Bausteine bauen aufeinander auf, können aber auch einzeln verwendet und didaktisch variiert werden. Dazu dienen auch Hinweise zur Differenzierung, zur Fehlerkorrektur sowie zur Einbindung unterstützender Materialien.

## 6.1 Praxisbaustein 1 „Kann-Liste"

Die Kompetenzen, die im Unterricht der Sekundarstufe I erworben werden sollen, sind beispielhaft in Tab. 6.1. dargestellt.

## 6.2 Praxisbaustein 2 „Advance Organizer"

Eine mögliche Ausführung des Advance Organizers für die Sekundarstufe I wird in Abb. 6.1 dargestellt.

Tab. 6.1 Beispielhafte Kann-Liste für den Badmintonunterricht

| Ich kann... | ↑O↓ |
|---|---|
| ...den richtigen Schlägergriff einnehmen und im Spiel beibehalten | |
| ...die Bereitschaftsstellung einnehmen und im Spiel beibehalten | |
| ...die richtige Schlagführung in Übung und Spiel anwenden | |
| ...die unterschiedlichen Treffpunkte der Schläge zeigen | |
| ...den Badmintonball durch eine gewählte Zuspielart zielgenau ins Spiel bringen | |
| ...den Ball weit über den Gegner schlagen und ihn laufen lassen | |
| ...den langen Ball antäuschen und kurz hinter das Netz spielen | |
| ...den Ball hart und steil nach unten spielen, sodass der Ball nicht erreicht wird | |
| ...die Spielregeln im Spiel anwenden | |
| ...mein Reflektionsblatt sinnvoll ausfüllen | |
| ...mich beim Üben und beim Spiel dauerhaft anstrengen | |
| ...mich bei der Auf- und Abbau-Organisation aktiv und sinnvoll beteilige | |
| Die Schüler können mit den Symbolen eine Selbsteinschätzung ihrer Fortschritte kennzeichnen. (Ja = ↑...Nein = ↓...teilweise = O) | |

*Die Liste bezieht bewusst auch übersportliche Leistungen in die Eigenbewertung ein.*

## 6.3 Praxisbaustein 3: Bewegungsschlüssel

Eine mögliche Gestaltung eines Schülerplakats zu den Bewegungsschlüsseln zeigt Abb. 6.2.

## 6.4 Praxisbaustein 4: Spielformen Bewegungsschlüssel

**Bewegungsschlüssel 1: Von der Wurfhaltung zur Schlaghaltung (Spielform 1 und 2)**

**Lernziel:**
Die Schüler entwickeln ein Gefühl für die seitliche Wurfbewegung, gewinnen eine erste Vorstellung der späteren Schlagbewegung über Kopf und verbessern ihre Wurfbewegung mit dem Ziel, den Ball kontrolliert und weit zu spielen.
**Spielform 1: Weitwurf (Siehe Abb. 6.3)**

## 6.4 Praxisbaustein 4: Spielformen Bewegungsschlüssel

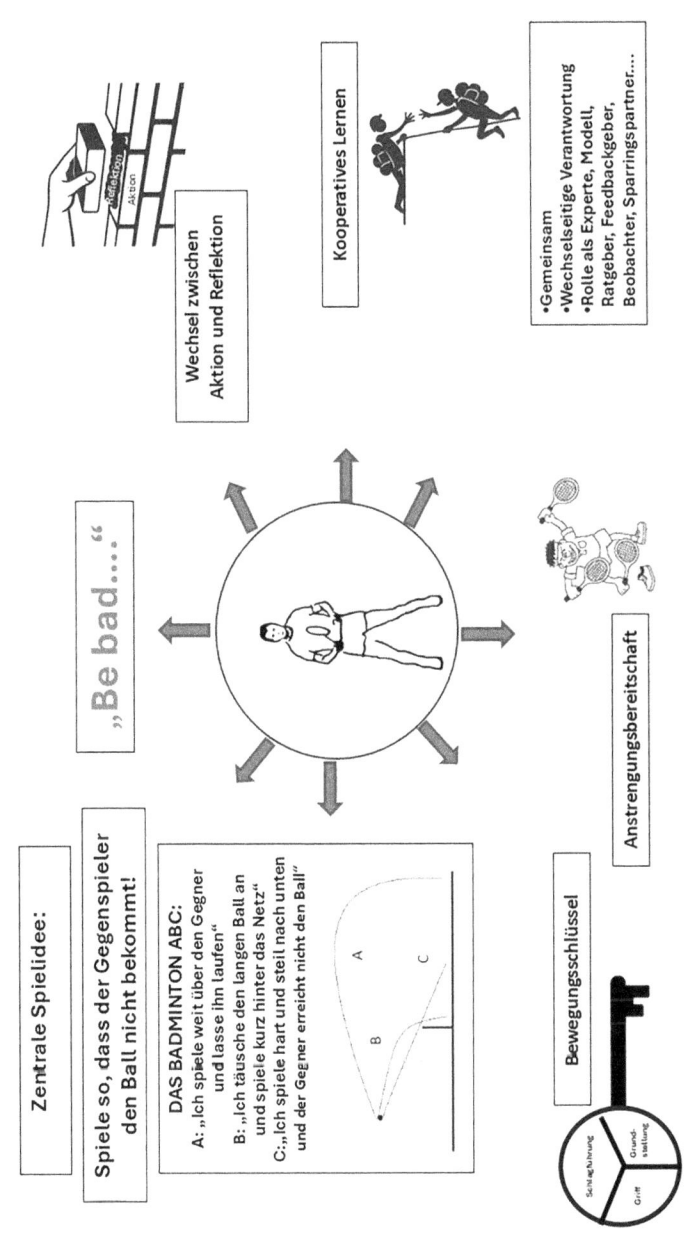

Abb. 6.1 Advance Organizer zum Einstieg in das Badmintonkonzept

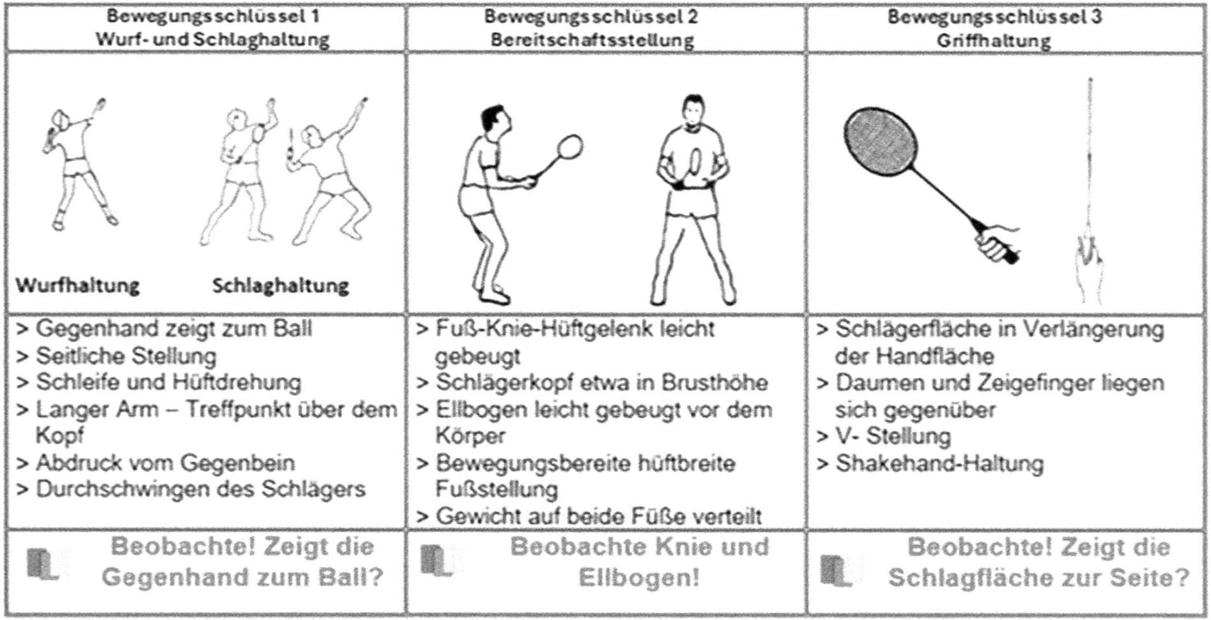

| Bewegungsschlüssel 1<br>Wurf- und Schlaghaltung | Bewegungsschlüssel 2<br>Bereitschaftsstellung | Bewegungsschlüssel 3<br>Griffhaltung |
|---|---|---|
| Wurfhaltung   Schlaghaltung | | |
| > Gegenhand zeigt zum Ball<br>> Seitliche Stellung<br>> Schleife und Hüftdrehung<br>> Langer Arm – Treffpunkt über dem Kopf<br>> Abdruck vom Gegenbein<br>> Durchschwingen des Schlägers | > Fuß-Knie-Hüftgelenk leicht gebeugt<br>> Schlägerkopf etwa in Brusthöhe<br>> Ellbogen leicht gebeugt vor dem Körper<br>> Bewegungsbereite hüftbreite Fußstellung<br>> Gewicht auf beide Füße verteilt | > Schlägerfläche in Verlängerung der Handfläche<br>> Daumen und Zeigefinger liegen sich gegenüber<br>> V- Stellung<br>> Shakehand-Haltung |
| Beobachte! Zeigt die Gegenhand zum Ball? | Beobachte Knie und Ellbogen! | Beobachte! Zeigt die Schlagfläche zur Seite? |

**Abb. 6.2** Schülerplakat zur Darstellung der Bewegungsschlüssel

## 6.4 Praxisbaustein 4: Spielformen Bewegungsschlüssel

**Abb. 6.3** Weitwurf

Zwei Schüler stehen sich im Abstand von etwa 3–4 m gegenüber und werfen sich abwechselnd den Badminton-Ball mit der Hand zu. Ziel ist es, so zuwerfen, dass der Partner den Ball über Kopf fangen kann.

**Lehr-Lernhinweise:**
- Gassenaufstellung zur besseren Raumorganisation.
- Die Lehrkraft sollte als Modell fungieren und gezielt Rückmeldung geben.
- Beobachtungsfokus: Wurfhaltung, Dynamik, Körperspannung, Blickkontakt.
- Impulse zur Lernsteuerung, z. B.: *„Stellt euch seitlich, führt den Badminton-Ball mit der rechten Hand an den Hinterkopf, linker Arm[1] nach vorn. Im Wurf den Wurfarm locker durchschwingen."* [*Diese und alle folgenden Bewegungsbeschreibungen beziehen sich auf die rechtshändige Ausführung; Linkshänder üben spiegelbildlich*]

---

[1] „Smash" spielen kann nicht nur für sehr sportliche Schüler besonders attraktiv sein. Alle Übenden sollten aber darauf achten, ihn nur anzuwenden, wenn ein hoher Ball kommt und ein Punktgewinn möglich istTypisches Fehlerbild: Mögliche Ursachen: Korrekturhinweise:Zu wenig oder falscher Körpereinsatz. Der Schlag wirkt schwach, der Ball hat wenig Geschwindigkeit → Schüler denken: „Ich muss vollen Krafteinsatz nutzen." → Fehlende Körperrotation und Rumpfeinsatz → Anfänger bleiben frontal stehen und schlagen nur mit dem Arm → Das Körpergewicht wird nicht schnell genug nach vorne verlagert → „Schlag eher locker statt angespannt" → An Abwurfspiel erinnern → Korrekte Wurfhaltung wiederholen → Seitlicher Ausgangsstellung betonen („Ich spanne den Bogen"). und explosiv Hüfte und Schulter nach vorne bringen → Stemmschritt betonen, alternativ aus dem Umspringen schlagen (rechtes Bein im Sprung nach vorne bringen)Ballgeschwindigkeit gering → Verkrampftes Handgelenk führt zu fehlender Unterarmrotation (Keine Pronationsbewegung) → Wurfbewegungen mit Badminton-Balldose (siehe „Clear") wiederholen → Übung: Zeitungsseiten, die über Zauberschnur hängen, durchschlagenFalsches Timing – Ball zu spät getroffen → Der Ball wird nicht vor dem Körper getroffen. Dadurch entsteht ein falscher Schlagwinkel; der Ball kann nicht nach unten gespielt werden → Nur schlagen, wenn Ball deutlich vor dem Körper getroffen wird – → Beinarbeit verbessern (Schnelle Side-Step Schritte nach hinten üben), alternativ für sehr gute Schüler: Umsprung einführen.

- Fangtechnik bewusst schulen: früh fangen, Ball beobachten,
- Nach einigen unkommentierten Würfen kann die Lehrkraft die Fänger gezielt auffordern, den Ball **bewusst mit der linken Hand** zu fangen. *„Werft weiter wie gehabt, aber versucht jetzt, den Ball nur mit der linken Hand zu fangen."* Diese Maßnahme unterstützt die spätere Schlagvorbereitung, da der Arm, mit dem gefangen wird, später auch dem Anvisieren beim Schlag dient.
- Die Lernimpulse führen in der Regel zu schnellen Fortschritten, sodass anschließend eine Steigerung der Anforderung erfolgen kann. Lehrkraft: *„Versucht nun, noch höher und weiter zu werfen."*

**Spielform 2: Überwurf (Siehe Abb. 6.4)**
- Die Partner stehen nun etwas näher zueinander. Der Werfende versucht, den Ball so weit über den Partner hinweg zu werfen, sodass dieser sich umdrehen muss und hinter laufen muss, um ihn zu erreichen.
- Der Fänger versucht, den Ball vor dem Bodenkontakt zu fangen.
- Punktevergabe: Jeder gefangene Ball bringt dem Fänger 1 Punkt. Jeder Ball, der zu Boden fällt, bevor er gefangen wird, bringt dem Werfer 1 Punkt.
- Wer sammelt innerhalb der vorgegebenen Zeit die meisten Punkte?

**Lehr-Lernhinweise:**
- Altersgemäßer Abstand je nach Leistungsniveau festlegen.
- Motivierende Variante mit Punkten erhöht den Einsatz.
- Gezielte Rückmeldung an einzelne Paare sowie Hinweise zu Bewegungsschlüsseln für alle Schüler sind hilfreich.

**Abb. 6.4** Überwurf

## Bewegungsschlüssel 2: Bereitschaftsstellung (Spielformen 3, 4 und 5)

**Lernziel:**
Die Schüler lernen, zwischen passivem Stehen und aktiver Grundhaltung zu unterscheiden und diese bewusst einzunehmen. Sie erkennen, dass eine Bereitschaftsstellung erfolgreiche und schnellere Reaktionen ermöglicht. Die Wurfhaltung bleibt weiterhin im Fokus der Beobachtung.

Spielform 3: Abwurf (Siehe Abb. 6.5)

- Die Partner stehen im Abstand von ca. 3 m.
- Die Werfer versuchen ihre Partner mit dem Ball zu treffen.
- Die Zielpersonen versuchen schnell zu reagieren und dem Ball auszuweichen.

**Lehr-Lernhinweise:**
- Linien können als Abstandshilfe genutzt werden.
- Die Lehrkraft gibt individuelle Rückmeldungen zur Wurf- und Reaktionsqualität.
- Nach einigen Würfen folgt ein kleiner Wettbewerb mit 5–10 Versuchen und Rollentausch.

**Spielform 4 und 5: „Torwart" und „Torwart Variation" (Siehe Abb. 6.6)**
Ein Schüler steht als „Torwart" und versucht nun mit den Händen den geworfenen Ball abzuwehren. In der Variante steht er mit dem Rücken zum Werfer und dreht sich nach dem Kommando „Hopp!" schnell um.

**Abb. 6.5** Abwurf

**Abb. 6.6** Torwart und Torwart-Variation

**Lehr-Lernhinweise:**
- Bereitschaftsstellung erklären oder demonstrieren: leicht gebeugte Knie, Gewicht auf Vorfuß, Arme vor dem Körper.
- Bildhafte Sprache unterstützt das Bewegungsbild: *„Stehe wie ein Torwart beim Elfmeter"*.
- Bei der Variante steht der Abwehrende mit dem Rücken zum Werfer. Der Werfende ruft vor dem Wurf „Hopp!", sodass der Abwehrende sich drehen und reagieren kann.
- Optional wieder als Wettkampf.

**Bewegungsschlüssel 3: Richtige Griffhaltung (Spielform 6)**
**Lernziel:**
Den Schläger gezielt führen und erste Sicherheit im Umgang mit der korrekten Griffhaltung gewinnen.
**Spielform 6: Hochspiel (Siehe Abb. 6.7)**
Die Schüler versuchen, den Ball so oft wie möglich mit dem Schläger hochzuspielen, ohne dass er den Boden berührt. Dabei sind sich steigernde Aufgabenstellungen zu bewältigen. (Siehe Variationen in Tab. 6.2).

**Lehr-Lernhinweise:**
- Raumverteilung beachten, um Kollisionen zu vermeiden.
- Bildhafte Formulierungen helfen beim Erlernen des Universalgriffs *(„Fasst den Griff so an, als würdet ihr jemandem die Hand geben")* (Shake-Hand-Methode). *„Der Schlägerkopf liegt in der Verlängerung der Handfläche." „Die Schlagfläche zeigt zur Seite – nicht zum Boden." „Der Schläger wird nicht wie eine Bratpfanne gehalten." „Das V zwischen Daumen und Zeigefinger liegt auf der schmalen Griffseite."*
- Reflektionsfragen anregen: *„Wie fühlt sich der Griff an?", „Was beobachtet ihr am Schläger?"*
- Die in Tab. 6.2 aufgeführten Hochspiel-Variationen sind flexibel an die Fähigkeiten der Schüler und die jeweiligen räumlich-zeitlichen Gegebenheiten anzupassen. Sie sind als Auswahlmöglichkeiten zu verstehen.

**Abb. 6.7** Hochspiel

## 6.4 Praxisbaustein 4: Spielformen Bewegungsschlüssel

**Tab. 6.2** Variationen des Hochspiels im Badminton-ABC

| Variante | Beschreibung | Zielsetzung |
| --- | --- | --- |
| Zählspiel | Zähle mit! Wie viele Kontakte schaffe ich am Stück? | Ballkontrolle, Selbstkontrolle |
| Hoch–Tief–Hoch | Im Wechsel hoch und flach spielen | Schlagdosierung |
| Schwache Hand | Nur mit der nicht-dominanten Hand | Koordination, Grifftechnik |
| Vorhand–Rückhand | Abwechselnd mit Vorhand- und Rückhandseite | Technikumstellung, Griffrotation |
| Bewegung | Dabei vorwärtsgehen rückwärtsgehen | Körperkoordination, Orientierung |
| Zusatzbewegung | Führe nach jedem Schlag eine Zusatzaufgabe aus (Eine Hand berührt den Boden- einen Hüpfer machen- eine ½ -1/1 Körperdrehung | Belastung, Orientierung |
| Wettkampf | Wer schafft zuerst 20 Kontakte? | Motivation, Zielorientierung |
| Kunststücke | Durch die Beine, in der Hocke, im Liegen, hinter dem Rücken, in Bauchlage mit Vor- und Rückhand spielen | Orientierung, Umstellungsfähigkeit |
| Buchstabierform | Beim Tippen buchstabieren- oder kleine Rechenaufgaben lösen | Kognitive Aktivierung, Rhythmus |
| Platzierungsspiel | Nur im markierten Feld oder einer bestimmten Linie bleiben | Raumgefühl, Schlagrichtung |
| Griffvarianten | Griffposition verändern (Kürzer – Länger fassen) | Griff-Bewusstsein, Kontrolle |
| Ball aufheben | Ball mit dem Schläger aufheben (Tipps: *„Drehe beim Aufheben den Schläger, so wie ein Schlüssel im Schlüsselloch- Beim Aufheben sollte der Kork-Fuß des Balles am Schläger sein."*) | Kontrolle, Geschicklichkeit |
| Ball auffangen | Ball hochspielen und mit dem Schläger auffangen. (Tipp: *„Zeige mit dem Schläger auf den Ball und folge mit dem Schläger dem fallenden Ball. Denke an den Buchstaben „J" und führe am Ende den Bogen zum Auffangen aus!"*) | Kontrolle, Bewusstsein für Flugkurve schaffen |

(Fortsetzung)

**Tab. 6.2** (Fortsetzung)

| Variante | Beschreibung | Zielsetzung |
|---|---|---|
| Wand als Partner | Ball so oft wie möglich gegen eine Hallenwand spielen, ohne dass er zu Boden fällt | Reaktion, Umstellungsfähigkeit |
| Teamspiele | • Abwechselnd hochschlagen 2×Vorhand – 2×Rückhand<br>• Partner 1 spielt hoch – Partner 2 lässt den Ball nur auftippen<br>• Zwei Bälle gleichzeitig hochspielen und auf ein vereinbartes Zeichen mit dem Ball des Partners weiterspielen<br>• Nur einen Schläger nutzen und den Ball abwechselnd hochschlagen. *„Wer schafft es, als Team 10×oder 20×hochzuschlagen?"* (Laut zählen!)<br>• *„Spielt Euch abwechselnd über kurze Distanz den Ball so oft wie möglich zu. Welches Team schafft in einer Minute die meisten Ballberührungen?"* (Tipp: *„Als Rechtshänder immer den rechten Fuß nach vorne setzen"*)<br>• Welches Team schafft in einer Minute die wenigsten Ballberührungen, ohne dass der Ball zu Boden fällt? | Reaktion. Umstellungsfähigkeit, Kooperation |

Einzelne Varianten können durch Ergänzungen verändert werden. wie zum Beispiel: *„Berühre nach jedem Schlag die Linie"* oder *„Drehe dich einmal nach jedem Schlag um die eigene Achse"*.

## 6.5 Praxisbaustein 5: Das Badminton ABC

Das Badminton-ABC besteht aus drei zentralen Zielhandlungen, welche durch jeweils **drei Spielformen** der Klasse schrittweise vermittelt werden.

▷ A: „Ich spiele weit über den Gegner und lasse ihn laufen."
  B: „Ich täusche den langen Ball an und spiele kurz hinter das Netz."
  C: „Ich spiele hart und steil nach unten – und der Gegner erreicht nicht den Ball."

**Spielorganisation und didaktische Hinweise**
- Es wird im Einzel gespielt. Bei begrenztem Raum oder großer Schülerzahl kann auch in Dreier- oder Vierergruppen gespielt werden. Nicht aktive Partner übernehmen Beobachtungsaufgaben (z. B. mit Ampelkarten) oder zählen die Punkte.

## 6.5 Praxisbaustein 5: Das Badminton ABC

- Das eigentliche Spiel beginnt nach drei wechselseitigen Miteinander-Zuspiel-Kontakten (im Folgenden kurz „**3-Kontakte-Auftakt**" genannt). Der Ball wird per „Anwippen" (siehe Abschn. 3.5.3) oder – je nach Können – frei ins Spiel gebracht. (1. Kontakt). Danach erfolgt noch jeweils ein Zuspielkontakt jedes Partners (2. und 3. Kontakt). Erst dann beginnt das Spiel gegeneinander mit jeweiliger Spielaufgabe.
- Gespielt wird je nach Absprache bis 5, 7, 10 Punkte. Anschließend erfolgt der Partnerwechsel – entweder durch Rotation oder nach der Kaiserspielregel (siehe Abschn. 6.10).
- Die im Unterricht eingeführten Bewegungsschlüssel sollten, während der Spielformen kontinuierlich beobachtet, angesprochen – und wenn nötig – gezielt aufgegriffen werden. Besonders in diesen spielnahen Situationen zeigt sich, inwieweit die Schüler diese Basiselemente bereits verinnerlicht haben und diese funktional umsetzen können.
- Reflektionsphasen: Nach jeweils drei Spielformen -also nach jedem Teilbereich des Badminton ABC- sollte das Spielverständnis mit dem Reflektionsblatt (siehe Abschn. 6.6) gesichert werden. Die erste Durchführung erfolgt angeleitet durch die Lehrkraft. Weitere Reflektionen können individuell oder zu zweit erfolgen.

**Das Badminton ABC/A: „Ich spiele weit über den Gegner und lasse ihn laufen"**

**Spielform A 1: Treibball**
**Lernziel:**
Die Schüler erkennen, dass Überkopf-Schläge effektiver sind, um den Ball weit zu spielen. Wer es schafft, den Ball weit über den Partner hinweg zu schlagen, verschafft sich einen Vorteil.

**Beschreibung A 1: (Siehe Abb. 6.8)**

- Das Netz ist noch nicht aufgebaut, Spielfeldmarkierungen sind nicht relevant
- Paarweise Aufstellung in der Hallenmitte in ca. 3–4 m Abstand zueinander
- Nach dem 3-Kontakte-Auftakt ist es das Ziel, den Ball hoch und weit über den Partner hinweg zu spielen, sodass dieser in Richtung Hallenwand getrieben wird
- Ein Punkt ist erzielt, wenn der Ball die Wand berührt.
- Nach jedem Punkt startet das Spiel erneut von der Hallenmitte.
- Fällt der Ball zu Boden, wird an dieser Stelle weitergespielt.

**Abb. 6.8** Treibball

**Lehr-Lernhinweise:**
- Da keine Feldlinien zur Orientierung vorhanden sind, sollte die Lehrkraft auf gleichmäßige Abstände achten.
- Die Aufstellung erfolgt so, dass die Schüler mit dem Rücken zu einer Hallenwand stehen, also quer zur Halle spielen.
- Bei großen Gruppen oder begrenztem Platzangebot empfiehlt sich die Bildung von 3er- oder 4er-Gruppen, die abwechselnd spielen.
- Die Spielform eignet sich zur Lernstandserhebung. Beobachtungskriterien: Wer setzt überwiegend Überkopf-Schläge ein? Wer zeigt bereits eine korrekte Schlagvorbereitung?

**Spielform A 2: Je länger, je lieber**
**Lernziel:**
Die Schüler erkennen: Ein hoher Ball allein reicht nicht, wenn er zu kurz gerät – ein weiter Ball reicht nicht, wenn er zu flach durch die Reichweite des Gegners gespielt wird. Entscheidend ist die Kombination aus Höhe und Länge.

**Beschreibung A 2: (Siehe Abb. 6.9)**
- Das Netz ist aufgebaut.
- Gespielt wird auf einem halben Doppelfeld, die hintere Grundlinie wird ignoriert.
- Ziel ist, den Ball hoch und weit über den Gegner zu spielen, sodass dieser nicht mehr zurückschlagen kann.
- Ein Punkt wird nur dann vergeben, wenn dies gelingt. Fehlschläge (z. B. ins Netz, ins Aus oder vom Gegner zurückgespielt) werden nicht gewertet.
- Alternativ kann die Aufgabe lauten: *„Wer spielt den Ball innerhalb von 2, 3 oder 5 min am weitesten?"*

**Lehr-Lernhinweise:**
- Der Netzaufbau sollte bewusst geübt werden – das spart später Zeit.
- Die Lehrkraft kann auf Bewegungsschlüssel wie Wurf- und Schlaghaltung verweisen.
- Die Spielform macht Raumgewinn durch lange Schläge erlebbar.

## 6.5 Praxisbaustein 5: Das Badminton ABC

**Spielform A 3: Lang, länger, am längsten**
**Lernziel:**
Die Schüler erkennen, dass gezielte Platzierungen den Gegner in Bewegung bringen. In die Mitte zu spielen ist weniger erfolgreich als raumöffnende Schläge in die Tiefe.

**Beschreibung A 3:** (Siehe Abb. 6.10)
- Arrangement wie unter A 2.
- Die hintere Grundlinie begrenzt nun das Spielfeld.
- Jeder Fehler führt zu einem Punkt für den Gegner.
- Gelingt ein unerreichbarer Schlag, über den Gegner gibt es drei Punkte

**Lehr-Lernhinweise:**
- Die Spielform ist spielnäher als A 2 und fordert mehr Gefühl für die Länge.
- Sinnvoll ist eine differenzierende Technikphase (Siehe Handlungshinweise Abschn. 3.5.4)
- Hinweise zur Binnendifferenzierung bietet der Baustein „Fehlerkorrektur". (siehe Abschn. 6.10)

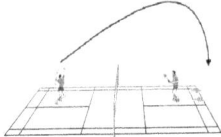

**Abb. 6.9** Je länger, je lieber

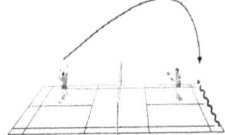

**Abb. 6.10** Lang, länger, am längsten

## Das Badminton ABC / B: „Ich täusche den langen Ball an und spiele kurz hinter das Netz"

**Spielform B 1: Netzball**
**Lernziel:**
Ein kurzer Ball ist nur dann erfolgreich, wenn er flach über das Netz gespielt wird. Der richtige Treffpunkt des Balles vor der Hand („Überdachung") ist entscheidend.

**Beschreibung B 1: (Siehe Abb 6.11)**
- Gespielt wird in einem halben Doppelfeld.
- Nach dem 3-Kontakte-Auftakt spielt ein Partner hoch zu, der andere (Angreifer) versucht, den Ball flach über und knapp hinter das Netz zu spielen, sodass der Zuspieler den Ball nicht mehr zurückschlagen kann (Punktgewinn).
- Der Zuspieler muss jeweils von der zentralen Position starten.
- Rollenwechsel nach 7/10 Zuspielen Wer erreicht mehr Punkte?
- Alternativ: *„Wer kann den kürzesten Ball spielen?"* oder *„Wer kann den Schlag am besten antäuschen?"*

**Lehr-Lernhinweise:**
- Die Lehrkraft wird bemerken, dass bei dieser Spielform nicht alle Schüler die eingeübte Wurf- jetzt Schlaghaltung, einnehmen und wieder in „alte" Bewegungsmuster verfallen.
- Es ist hilfreich, wenn die Flugkurve des Balles verdeutlicht wird. Dies kann durch Demonstration auf dem Spielfeld geschehen, aber auch durch ein Tafelbild bzw. auf einem Schaubild des Advance Organizers. Situativ ist hier zu entscheiden, wann die Lehrkraft das Thema „Treffpunkt des Balles" anspricht.
- Die zentrale Position im Spielfeld kann durch eine Markierung bestimmt werden. Die Lehrkraft entscheidet situativ, ob die Bedeutung der zentralen Position an dieser Stelle oder an einer späteren Spielform erläutert wird.

**Abb. 6.11** Netzball

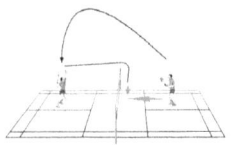

6.5 Praxisbaustein 5: Das Badminton ABC

**Spielform B 2: Mit Ansage**
**Lernziel:**
Die Schüler lernen, taktisch bewusst zu spielen: Ein kurzer Ball wird dann wirksam, wenn er vorbereitet und angetäuscht wird.

**Beschreibung B 2: (Siehe Abb. 6.12)**
- Nach dem 3-Kontakte-Auftakt kann jeder Spieler situativ entscheiden, den Ball kurz spielen. Aber er muss dies aber laut ankündigen: „*KURZ!*"
- Der Partner muss den Ball Unterhand, hoch und weit zurückspielen.
- Erreicht ein Partner einen kurz gespielten Ball nicht, erhält der Angreifer einen Punkt.

**Lehr-Lernhinweise:**
- Viele Schüler zögern, die Aktion anzukündigen. Eine kurze Demonstration kann helfen, die Hemmung zu lösen.
- Den kurzen Ball von unten zurückzuspielen ist nicht immer für alle Schüler sofort möglich. Diese Fehler entstehen oft durch keine oder falsche Bewegung zum Netz. Die Lehrkraft kann hier situativ entscheiden, ob kurze Hinweise (*„Beende die Vorwärtsbewegung mit einem Ausfallschritt rechts!"*) oder eine kurze Demonstration notwendig sind. Sehr hilfreich ist es, in einer Einkoordinierungsphase die Laufbewegung nach vorne zu üben.

**Spielform B 3: In der Kürze liegt die Würze**
**Lernziel:**
Ein kurzer Ball ist besonders wirkungsvoll, wenn er nach einem langen Ball und mit Antäuschen gespielt wird. Variabilität und Raumöffnung werden erlebbar.

**Beschreibung B 3: (Siehe Abb. 6.13)**
- Nach dem 3-Kontakte-Auftakt kann jeder Spieler den Ball kurz hinter das Netz spielen.
- Jeder Fehler führt zu einem Punkt für den Gegner. Gelingt ein unerreichbarer kurzer Ball, gibt es drei Punkte.

**Abb. 6.12** Mit Ansage

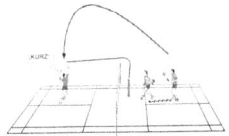

**Lehr-Lernhinweise:**
- Sinnvoll ist eine differenzierte Technikphase (Siehe Abschn. 3.5.4 Handlungshinweise)
- Die Lehrkraft kann die Täuschung vor dem Schlag demonstrieren – mit und ohne Ausholbewegung. Unterschiede lassen sich in einer kurzen Austauschphase besprechen.
- Auch das Netzspiel nach dem kurzen Ball kann thematisiert werden.
- Weitere Hilfen im Baustein „Fehlerkorrektur" (siehe Abschn. 6.10).

**Das Badminton ABC/C: „Ich spiele hart und steil nach unten und der Gegner erreicht nicht den Ball"**

**Spielform C 1: Beinhart**
**Lernziel:**
Die Schüler lernen, dass der Ball hart und vor dem Körper geschlagen werden muss, um erfolgreich zu sein. Nur wenn der Treffpunkt stimmt, ist ein platzierter Schlag in Richtung der Beine des Gegners möglich. Gleichzeitig wird deutlich, wie wichtig eine aufmerksame Abwehrhaltung ist.

**Beschreibung C 1: (Siehe Abb. 6.14)**
- Ein Netz wird nicht benötigt. Zwei Schüler stehen sich im Abstand von 5–7 m gegenüber.
- Einer ist Zuspieler, der andere Angreifer. Nach dem 3-Kontakte-Auftakt versucht der Angreifer, die Beine des Zuspielers zu treffen.

**Abb. 6.13** In der Kürze liegt die Würze

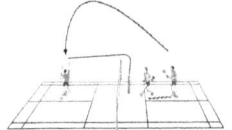

**Abb. 6.14** Beinhart

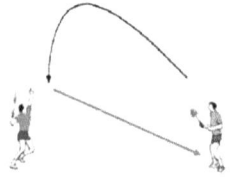

## 6.5 Praxisbaustein 5: Das Badminton ABC

- Gelingt dies, erhält er einen Punkt. Der Zuspieler darf mit dem Schläger abwehren.

**Lehr-Lernhinweise:**
- Falls ein Netz aufgebaut ist, stehen trotzdem beide Spieler auf derselben Feldseite.
- Der richtige Treffpunkt vor dem Körper ist entscheidend. Die Schlaghandlung kann durch Selbstlautierung (*„Bam!"*, *„Zack!"*, *„Bumm!"*) im Schlag unterstützen werden.
- Der Zuspieler sollte die Bereitschaftsstellung einnehmen, um den Ball abwehren zu können. Hier kann die Lehrkraft an die Übung *„Torwart"* (Siehe Abschn. 6.3) erinnern.

**Spielform C 2: Elfmeter**
**Lernziel:**
Die Schüler erkennen, dass ein hart geschlagener Ball nur dann gelingt, wenn er weit vor dem Körper und mit nahezu gestrecktem Arm getroffen wird. Für die Abwehr ist eine aktive Grundstellung notwendig.

**Beschreibung C 2: (Siehe Abb. 6.15)**
- Zwei Schüler stehen im Abstand von 5–7 m vor einer Hallenwand. Einer ist Schütze, der andere Torwart (mit dem Rücken zur Wand).
- Nach dem 3-Kontakte Auftakt versucht der Schütze, die Wand im Bereich unterhalb der Hüfte des Torwarts zu treffen. Der Torwart versucht mit dem Schläger abzuwehren.
- Wer erreicht nach jeweils 7/10 Zuspielen mehr Punkte?

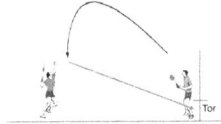

**Abb. 6.15** Elfmeter

**Lehr-Lernhinweise:**
- Das Tor kann mit Pylonen markiert werden.
- Die Lehrkraft achtet auf klare Raumorganisation und begrenzten Abstand zur Wand, um Erfolgserlebnisse zu ermöglichen.
- Der Ball muss so zugespielt werden, dass der Schütze ihn vor dem Körper trifft.

**Spielform C 3: Duell**
**Lernziel:**
Die Schüler erkennen, dass ein steil nach unten gerichteter Angriffsball vor allem dann wirksam ist, wenn er aus dem vorderen Drittel des Feldes gespielt wird. Schläge von der Grundlinie führen dagegen selten zum Punktgewinn.

**Beschreibung C 3: (Siehe Abb 6.16)**
- Jeder Spieler versucht nach dem 3-Kontakte-Auftakt im Spiel den Ball hart und steil in das gegnerische Feld zu schlagen. Gelingt ein direkter Treffer auf den Boden, zählt dieser drei Punkte.
- Jeder andere Fehler (Ball ins Netz, ins Aus usw.) bringt dem Gegner einen Punkt.

**Lehr-Lernhinweise:**
- Lehrkraft weist darauf hin, dass der Schlag nur aus dem vorderen Feldbereich erfolgversprechend ist: *„Wenn dein Gegner hoch in die Feldmitte gespielt hat, hast du selbst die beste Chance einen eigenen Angriffsball einzusetzen."*
- Gezielte Korrekturhinweise geben: z. B. Treffpunkt deutlich vor dem Körper (siehe Abschn. 6.10).
- Bei Bedarf kann eine separate Technikstation eingerichtet werden, wie im Praxisbaustein „Fehlerkorrektur" beschrieben.

**Abb. 6.16** Duell

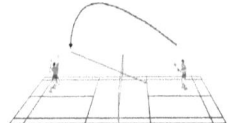

## 6.6 Praxisbaustein 6: Reflektionsblatt

Ein Beispiel für ein Reflektionsblatt zur Selbsteinschätzung wird in Tab. 6.3 dargestellt.

## 6.7 Praxisbaustein 7: Bewegungsbeschreibung in bildlicher Sprache

Eine exemplarische Gestaltung zur Nutzung bildlicher Sprache bietet Abb. 6.17.

**Tab. 6.3.** Reflexionsbogen zur Selbsteinschätzung im Badmintonunterricht

| Spielformen „Be bad..." | „Das ist mir schon gut gelungen" „Das habe ich jetzt verstanden" | „Das GENAU will ich noch verbessern" „Das GENAU habe ich noch nicht verstanden" |
|---|---|---|
| A: „Ich spiele weit über den Gegner und lasse ihn laufen" | | |
| „Treibball" | | |
| „Je länger, je lieber" | | |
| „Lang, länger, am längsten" | | |
| B: „Ich täusche den langen Ball an und spiele kurz hinter das Netz" | | |
| „Netzball" | | |
| „Mit Ansage" | | |
| „In der Kürze liegt die Würze" | | |
| C: „Ich spiele hart und steil nach unten und der Gegner erreicht nicht den Ball" | | |
| „Beinhart" | | |
| „Elfmeter" | | |
| „Duell" | | |

Reflektionsaufgaben zu den Spielformen:
- *Notiere nach der Durchführung, was dir schon gut gelungen oder noch schwergefallen ist*
- *Zusätzlich: Notiere kurz was du verstanden oder noch nicht verstanden hast*
- *Vergleiche die Aufzeichnungen mit einem Partner. Wo gibt es Gemeinsamkeiten, wo Unterschiede?*
- *Konntet Ihr euch gegenseitig helfen?*
- *Wo braucht ihr Unterstützung?*

Im Anfängerbereich kommt es immer wieder vor, dass die Übenden in „alte" Schlaggewohnheiten zurückkehren. Die „neu" gelernte Griffhaltung wird vergessen, die seitliche Stellung, die Bogenspannung (Linker Arm zeigt auf den Ball) nicht eingenommen. Hier kann die Lehrkraft immer wieder auf die beschriebenen Lernschlüssel hinweisen und entsprechend korrigieren. Zusätzlich ist es aber nützlich, die gesamte Bewegung vereinfacht darzustellen und mit leicht verständlichen Metaphern bewusst zu machen

## Die Schlagbewegung:

| | Ausholphase: | Schlagphase: | Ausschwungphase: |
|---|---|---|---|
| **BILD-SPRACHE** | Ich nehme eine Schrittstellung ein und spanne den Bogen | Ich stecke den Schläger in den Rucksack und ziehe ihn ganz schnell wieder heraus. Ich schlage mit leicht gebeugtem Arm und schwinge den Schläger zur anderen Körperseite durch. | Ich verlagere mein Gewicht mit einem Schritt nach vorne |
| **BESCHREI-BUNG** | Gegenhand zeigt zum Ball Seitliche Stellung | Schwungschleife - Hüftdrehung Ellbogenstreckung – Pronation Langer Arm – Treffpunkt über Kopf Abdruck vom Gegenbein | Ausschwingen Abfangen Aktive Grundstellung einnehmen |

**Abb. 6.17** Bewegungsbeschreibung in bildlicher Sprache

## 6.8 Praxisbaustein 8: Selbstbeurteilungsbogen

*Liebe Schülerinnen und Schüler,
in den letzten Unterrichtsstunden habt ihr Kenntnisse und Fähigkeiten im Badmintonspiel erworben. Bestimmte Verhaltensweisen und Bewegungsmuster wurden von euch bewusst wahrgenommen und gezielt verbessert. Wie ihr feststellen konntet, habe ich mich bemüht, diese Leistungen und Beiträge zu erfassen und zu beurteilen. Das war und ist nicht immer ganz einfach. So lassen sich allein aus dem Badmintonturnier und aus eurem Vorspielen nur eingeschränkt Rückschlüsse auf euren Einsatz und eure Lernbereitschaft ziehen. Daher möchte ich mithilfe dieses Bogens eure persönliche Einschätzung einholen. Das Ergebnis werde ich anschließend mit meinen eigenen Beobachtungen vergleichen* -siehe Tab. 6.4.

**Tab. 6.4** Selbstbeurteilungsbogen

| | Vorname:<br>Name: | Welche Selbsteinschätzung hast du?<br>1 bedeutet: trifft voll und ganz zu<br>5 bedeutet: trifft gar nicht zu | Eigene Beurteilung<br>**1–2–3–4–5** |
|---|---|---|---|
| 1 | Ich kenne die Bedeutung der Bereitschaftsstellung und kann sie im Spiel einnehmen | | |
| 2 | Ich kann den Ball zielgerichtet ins Spiel bringen (Aufschlagen) | | |
| 3 | Ich kann weit über den Gegner spielen und ihn damit laufen lassen | | |
| 4 | Ich kann einen Ball antäuschen und den Ball kurz hinter das Netz spielen | | |
| 5 | Ich kann den Ball hart und steil nach unten schlagen, sodass der Gegner ihn nicht erreicht | | |
| 6 | Ich habe alle Badminton-Regeln verstanden und kann sie im Spiel anwenden | | |
| 7 | Ich habe mich angestrengt – körperlich und geistig – um die Spielidee von „Be Bad…" zu verstehen und umzusetzen | | |
| 8 | Ich habe mich angestrengt – körperlich und geistig – um die Spielidee von „Be Bad…" zu verstehen und umzusetzen | | |

„Das war für mich bei „Be bad…" besonders wichtig, schwierig oder herausfordernd?"

## 6.9 Praxisbaustein 9: Turnierformen

**Kaiserspiel** Es wird auf mehreren Spielfeldern gleichzeitig gespielt. Das Kaiserfeld befindet sich in der Mitte oder am Kopfende der Spielfläche. Nach jedem Spiel wechselt der Gewinner eines Feldes in Richtung Kaiserfeld, während der Verlierer auf ein weiter entferntes Feld zurückwechselt. So bewegen sich alle Spieler: Sieger spielen sich nach und nach zum Kaiserfeld vor, während Verlierer auf Felder weiter hinten wechseln. Ziel ist es, sich durch gute Leistungen bis ins Kaiserfeld vorzukämpfen – und diesen Platz so lange wie möglich zu verteidigen.

**Liga-Turnier** Es werden verschiedene Ligen mit 3, 4 oder 5 Spielern gebildet. Nach einer Spielrunde „Jeder gegen Jeden" steigt der Erstplatzierte in die nächsthöhere Liga auf, der Letztplatzierte steigt in die darunterliegende Liga ab.

**Jeder Punkt zählt** Für jeden Sieg gibt es 5 Punkte. Je klarer der Sieg, desto mehr Punkte. Auch der Verlierer erhält Punkte – es lohnt sich also, um jeden Ball zu kämpfen:

- 11:0 bis 11:3 → 5:0 Punkte
- 11:4 bis 11:8 → 4:1 Punkte
- 11:9 bis 11:10 → 3:2 Punkte

**Bank-Punkte** Gespielt wird bis 7 Punkte. Der Verlierer verlässt das Feld und übergibt seine Punkte an den nächsten Spieler auf der Bank, der ins Spiel kommt. Der ausgeschiedene Spieler reiht sich am Ende der Bank ein.

**Aktives Punkte-Turnier** Punkte können nur durch aktiv erzielte Spielzüge gewonnen werden. Aktiv bedeutet: a) Der Ball wird unerreichbar im Spielfeld platziert oder b) Der Ball trifft den Gegner am Körper. Keine Punkte gibt es für Fehlschläge, Bälle ins Netz oder ins Aus.
Alternative Variante: Für einen „Aktiven Punkt" (Ball wird direkt auf den Boden geschlagen, ohne dass der Gegner ihn berührt) kann doppelte oder dreifache Punktzahl vergeben werden.

**Vorsprung** Turnierspiele werden auf Basis einer bestehenden Rangliste durchgeführt. Die Vorgabe ergibt sich aus der Differenz der Platzierungen. Beispiel: A (Platz 2) spielt gegen M (Platz 10). M startet mit einem Vorsprung von 8 Punkten.

**Auswechseln** A und B spielen gegeneinander. Wer einen Fehler macht, hat Pause. Spieler C kommt ins Spiel. Wer zuerst 5, 7 oder 11 Punkte erreicht, gewinnt.

**Kurzzeit** Spiel nach Zeitvorgabe (z. B. 30 s bis 3 min) – ohne vorherige Bekanntgabe der exakten Spieldauer.

**Netzspiel** Es wird nur im vorderen Feld gespielt – vom Netz bis zur vorderen Aufschlaglinie.

## 6.10 Praxisbaustein 10: Fehlerbilder und Korrekturen

Auch wenn das „Be bad"-Konzept konsequent vom Spiel ausgeht, sind funktionale Technikhinweise ein wichtiger Bestandteil der Lernunterstützung. Sie verfolgen kein normatives Technikideal, sondern helfen den Lernenden, innerhalb der Spielformen des Badminton-ABC passende Lösungen zu entwickeln (siehe Abschn. 3.5.4 Handlungshinweise). Deshalb sollte die Lehrkraft differenzierende Maßnahmen frühzeitig ergreifen und gezielte, kurze Unterbrechungen nutzen, um einzelne Schüler oder Kleingruppen bedarfsgerecht zu unterstützen – ohne den Spielfluss der gesamten Klasse zu beeinträchtigen.

Gerade bei Anfängern ist die **Bewegungsvorstellung** oft noch **wenig ausgeprägt**. Sie haben Schwierigkeiten, sich funktionale Bewegungsabläufe innerlich vorzustellen und diese in eigene Handlungen zu überführen. Um diese Vorstellungskraft aufzubauen, reichen praktische Erfahrungen allein oft nicht aus. Es braucht zusätzliche Impulse – etwa durch gezielte sprachliche Beschreibungen, Vergleiche, Beobachtungsaufgaben oder auch durch den Einsatz von Medien. Digitale Medien können die Bewegungsvorstellung gezielt unterstützen – etwa durch Standbilder, Zeitlupen oder Wiederholungen, die Bewegungsdetails sichtbar machen und Rückmeldungen objektivieren. Voraussetzung ist jedoch, dass die Lernenden wissen, worauf sie bei der Analyse achten sollen, z. B. auf die Schlägerhaltung oder die Beinarbeit. Ohne klare Anleitung bleibt der didaktische Mehrwert gering. Mit zunehmender Erfahrung der Schüler steigt auch das Potenzial für den Medieneinsatz. Viele Sek-I-Klassen verfügen bereits über Tablets oder Endgeräte, mit denen sich kurze Phasen zur Bewegungsanalyse integrieren lassen. Entscheidend ist jedoch ein gezielter und dosierter Einsatz: Gerade in frühen Lernphasen kann ein zu hoher Aufwand die Bewegungszeit verringern und vom Spielen ablenken. Jede Lehrkraft sollte daher situationsbezogen prüfen, ob digitale Medien im jeweiligen Lernkontext sinnvoll sind – oft gilt: Weniger ist mehr.

Zur Verdeutlichung der drei zentralen Zielhandlungen werden in Tab. 6.5, 6.6 und 6.7 typische Fehlerbilder und praxisnahe Korrekturansätze beschrieben.

**Tab. 6.5** So gelingt der über den Gegner gespielte weite Ball *("Clear")*

Anfangs gelingt es vielen Schülern noch nicht, den Ball bis zur Grundlinie zu schlagen. Es ist hilfreich, wenn die Lehrkraft deutlich macht, dass dies vor allem ein Technikproblem und keine Kraftfrage ist. *„Mit etwas mehr Übung werdet ihr zunehmend erfolgreicher sein."*

| Typisches Fehlerbild: | Mögliche Ursachen: | Korrekturhinweise: |
| --- | --- | --- |
| Falsche Griffhaltung („Bratpfannengriff") – der Ball fliegt nur hoch, es fehlt an Schlagweite | → Oftmals ist das Treffen des Balles für die Schüler wichtiger als der richtige Griff. Sie fallen in „alte" Griffgewohnheiten zurück. → Rotation aus Schulter und Unterarm wenig vorhanden | → Korrekte Griffhaltung wiederholen → Partner oder Lehrer: *„Deine Schlagfläche muss zur Seite zeigen". „Achte darauf auf, dass das „V" zwischen und Daumen und Zeigefinger auf der schmalen Griffseite liegt."* → Kontrastierende Demonstration |
| Der Ball wird hinter dem Körper getroffen und der Ball fliegt steil nach oben | Fehlende: → Fehlende Grundhaltung → Rückwärtsbewegung → Bewegungsbereitschaft | → *„Nimm immer wieder die Bereitschaftsstellung ein"* → *„Bewege dich vor dem Schlag in Side- Stepp-Schritten rechtzeitig nach hinten"* |
| Fehlende Körperdrehung und Gewichtsverlagerung beim Schlag – der *„Clear"* bleibt kraftlos und kurz | → Schüler drehen sich nicht Seitstellung → Es wird während der Ausholphase kein „Dach" mit Schlag- und Gegenarm gebildet, wodurch Hüfte und Schulter nicht ausreichend mitdrehen | → Ausgangsposition betonen: Unter den Ball kommen und seitlich zum Netz stehen. *„Zeige mit dem Zeigefinger der linken Hand auf den anfliegenden Ball. Visiere ihn an."* → Rotation betonen: *„Im Schlag die Hüfte und Schulter in Schlagrichtung drehen"* → An die geübte Wurfhaltung erinnern oder wiederholen |
| Unvollständige Ausholund Streckbewegung – der Schlagarm bleibt gebeugt, der Treffpunkt ist zu tief oder zu weit hinten | → Der Ellbogen wird nicht hoch genug geführt, oft aus Angst den Ball zu verfehlen | → Badmintonball hoch hängen z. B. am Basketballkorb – hier kann der hohe Treffpunkt mit langem Arm bewusst gemacht werden |
| Die Streckung mit Pronation (Einwärtsdrehung des Unterarms) fehlt für einen langen, weiten Schlag | → Unterarm wird zu früh in die Einwärtsdrehung gebracht → Falscher Schlägergriff | (Tipp: Pronationsbewegung mit Badmintondose üben. (https://www.youtube.com/watch?v=ZdRKk35TjR)) |

## 6.10 Praxisbaustein 10: Fehlerbilder und Korrekturen

**Tab. 6.6** So gelingt der angetäuschte kurze Ball. *(„Drop")*
Für viele Schüler ist die Umstellung auf eine bewusste Täuschungshandlung schwierig.

| Typisches Fehlerbild: | Mögliche Ursachen: | Korrekturhinweise: |
|---|---|---|
| Frühes Erkennen durch den Gegner – der Drop ist vorhersehbar | → Der Schüler ändert schon vor dem Schlag deutlich die Bewegung (z. B. keine oder verlangsamte Ausholbewegung <br> → Es ist frühzeitig sichtbar, dass kein langer Ball gespielt wird | → Demonstration durch Lehrkraft: Kurzen Ball spielen ohne vorherige Schlagbewegung – dann mit Schlagbewegung <br> *„Tut so, als wenn ihr den langen Ball schlagen wollt und stoppt die Bewegung nach dem Treffen des Balls"* |
| Drop bleibt im Netz hängen – der Ball erreicht nicht das gegnerische Feld | → Zaghaftes Schlagen oder mangelnder Vorwärtsschwung <br> → Mitunter fehlt auch die seitliche Stellung; stattdessen wird frontal unter dem Ball gestanden, was Kontrolle erschwert | → Lob, dass die Idee des kurzen Balls verstanden wurde! *„Prima, dass du versuchst, den Gegner zu narren"* <br> → Treffpunkt ist nur etwas vor der Hand <br> → Schwungkontrolle mehrfach üben |
| Drop fliegt zu hoch über das Netz – der Ball wird vom Gegner leicht abgefangen oder zum „Smash" genutzt | → Falscher Treffpunkt des Balles <br> → Schlag mit offenem Schlägerblatt, wodurch eine hohe Bogenflugkurve entsteht | → Treffpunkt mehr vor der Hand <br> → Der Schläger „überdacht" den Ball. Oder: Der Schläger kippt leicht nach vorne <br> → *„Versuche möglichst knapp über die Netzkante zu spielen"* |

**Tab. 6.7** So gelingt der hart und steil nach unten gespielte Ball. *("Smash")*

*"Smash"* spielen kann nicht nur für sehr sportliche Schüler besonders attraktiv sein. Alle Übenden sollten aber darauf achten, ihn nur anzuwenden, wenn ein hoher Ball kommt und ein Punktgewinn möglich ist

| Typisches Fehlerbild: | Mögliche Ursachen: | Korrekturhinweise: |
|---|---|---|
| Zu wenig oder falscher Körpereinsatz. Der Schlag wirkt schwach, der Ball hat wenig Geschwindigkeit | → Schüler denken: *„Ich muss vollen Krafteinsatz nutzen."* <br> → Fehlende Körperrotation und Rumpfeinsatz <br> → Anfänger bleiben frontal stehen und schlagen nur mit dem Arm <br> → Das Körpergewicht wird nicht schnell genug nach vorne verlagert | → *„Schlag eher locker statt angespannt"* <br> → An Abwurfspiel erinnern <br> → Korrekte Wurfhaltung wiederholen <br> → Seitlicher Ausgangsstellung betonen (*„Ich spanne den Bogen"*). und explosiv Hüfte und Schulter nach vorne bringen <br> → Stemmschritt betonen, alternativ aus dem Umspringen schlagen (rechtes Bein im Sprung nach vorne bringen) |
| Ballgeschwindigkeit gering | → Verkrampftes Handgelenk führt zu fehlender Unterarmrotation (Keine Pronationsbewegung) | → Wurfbewegungen mit Badminton-Balldose (siehe *„Clear"*) wiederholen <br> → Übung: Zeitungsseiten, die über Zauberschnur hängen, durchschlagen |
| Falsches Timing – Ball zu spät getroffen | → Der Ball wird nicht vor dem Körper getroffen. Dadurch entsteht ein falscher Schlagwinkel; der Ball kann nicht nach unten gespielt werden | → Nur schlagen, wenn Ball deutlich vor dem Körper getroffen wird – → Beinarbeit verbessern (Schnelle Side-Step Schritte nach hinten üben), alternativ für sehr gute Schüler: Umsprung einführen |

# Schlussworte 7

Ein herzliches Dankeschön an Paul Klingen für seine strukturierenden Gedanken, klaren Rückmeldungen und die fachliche Begleitung von Beginn an. Dr. Timo Klein-Soetebier hat nicht nur den Kontakt zum Verlag hergestellt, sondern auch bei Formatfragen und formalen Details unterstützt – vielen Dank dafür. Ebenso danke ich Rolf Dober für die freundliche Genehmigung, Elemente seiner Homepage verwenden zu dürfen.

Einige Inhalte hätte ich gerne noch ausführlicher behandelt, andere mussten aus Platzgründen ausgespart bleiben. Dieses Buch versteht sich daher nicht als fertige Antwort, sondern als Einladung zum Weiterdenken, Ausprobieren und Weiterentwickeln.

Wer eigene Erfahrungen teilen, Fragen stellen, Kritik äußern möchte, oder sich für eine schulinterne Fortbildung interessiert, ist herzlich eingeladen, in den Dialog zu treten – ich freue mich über jede Rückmeldung: pawelczyk@yahoo.de

*Hinweis: Aus produktionstechnischen Gründen konnten Abbildungen nur am oberen oder unteren Seitenrand platziert werden. Daher erscheinen sie nicht immer an den ursprünglich vorgesehenen Textstellen. Die inhaltliche Zuordnung und Verständlichkeit bleiben aber jedoch vollständig vorhanden.*

Jörg Pawelczyk

# Was Sie aus diesem *essential* mitnehmen können

- Praxiserprobtes, didaktisch fundiertes Konzept – *für den Übergang vom kooperativen Federballspiel zum wettkampforientierten Badminton*
- Reflektierte Erfahrungen aus dem Unterricht – *als Orientierung für die eigene Praxis*
- Klar strukturierte, spielorientierte Phasen – *die den Lernweg nachvollziehbar machen*
- Kommunikations- und Reflexionsimpulse – *um Lernprozesse bewusst zu begleiten*
- Schnelle Erfolgserlebnisse für Lernende – *unabhängig vom Leistungsstand*
- Spielformen statt isolierter Technikübungen – *um Motivation hochzuhalten*

© Der/die Herausgeber bzw. der/die Autor(en), exklusiv lizenziert an Springer-Verlag GmbH, DE, ein Teil von Springer Nature 2025
J. Pawelczyk, *Badminton im Schulsport*, essentials,
https://doi.org/10.1007/978-3-662-72290-9

# Literatur

1. Aebli, H. (1980). *Denken: Das Ordnen des Tuns. Bd. 1: Psychologie des produktiven Denkens*. Klett.
2. Balz, E., & Neuber, N. (2020). *Reflektionskompetenz im Schulsport*. Hofmann.
3. Barth, G. (2010). *Spielen im Sportunterricht: Didaktische Perspektiven und Konzepte*. Schneider Verlag Hohengehren.
4. Baur, J., & Bette, K.-H. (2005). *Zur Ethik des Wettkampfs*. Hofmann.
5. Göhner, U. (1992). *Sportspiele unterrichten*. Hofmann.
6. Hattie, J. (2009). *Visible learning: A synthesis of over 800 meta-analyses relating to achievement*. Routledge.
7. Hattie, J. (2012). *Visible learning for teachers*. Routledge.
8. Hummel, A., & Krüger, M. (2015). Schulsportwettbewerbe – Einführung in das Themaheft. *Sportunterricht, 64*(12), 354.
9. Klingen, P. (2006). Zwischen Fördern und Bewerten – Lehrer (und Schüler) müssen Handlungsanlässe unterscheiden können. *Wirtschaft & Erziehung, 11*, 355–360.
10. Klingen, P. (2012). *Spiele spielen lernen: Spielvermittlung in der Schule*. Meyer & Meyer.
11. Klingen, P. (2022). Die Leistungsüberprüfungen pädagogisch gestalten. Ein Beispiel aus dem Badminton-Unterricht. *SportPraxis, 1*, 48–51.
12. Klippert, H. (2013). *Kooperatives Lernen im Fachunterricht: Methoden – Beispiele – Unterrichtsvorschläge*. Beltz.
13. Klippert, H. (2013). *Schüleraktivierung im Unterricht*. Beltz.
14. Kultusministerkonferenz. (2012). Bildungsstandards im Fach Sport für den Mittleren Schulabschluss. Beschluss vom 16.10.2012. Sekretariat der Ständigen Konferenz der Kultusminister der Länder in der Bundesrepublik Deutschland.
15. Kurz, D. (2002). *Sportunterricht zwischen Anspruch und Wirklichkeit*. Schneider Verlag Hohengehren.
16. Kurz, D. (2005). *Rückschlagspiele unterrichten: Perspektiven und Konzepte für den Schulsport*. In P. Neumann & E. Balz (Hrsg.), Mehrperspektivischer Sportunterricht (S. 57–70). Schorndorf: Hofmann.
17. Kurz, D. (2005). *Guter Sportunterricht: Standards und Perspektiven*. Schneider Verlag Hohengehren.

18. Loßack, D. (2015). Zur Bedeutung sportlicher Wettkämpfe für die schulische Bildung. *Sportunterricht, 64*(12), 355.
19. Miethling, W. (1994). *Pädagogik des Sports*. Hofmann.
20. Neumann, P. (2019). *Spielen und Lernen im Schulsport*. Meyer & Meyer.
21. Neumann, P., Balz, E., & Herrmann, C. (2016). Kompetenzorientierung im Sportunterricht: Grundlagen – Konzepte – Perspektiven. Aachen: Meyer & Meyer.
22. Oser, F., & Baeriswyl, F. (2001). Lernen ist schmerzhaft: Zur Theorie des erfahrungsbasierten Lernens. In F. Oser & J. M. Spychiger (Hrsg.), *Lernen ist schmerzhaft. Zur Theorie des erfahrungsbasierten Lernens* (S. 11–35). Beltz.
23. Reusser, K., & Pauli, C. (2010). Kooperatives Lernen im Unterricht. In H. Mandl & H. F. Friedrich (Hrsg.), *Handbuch Lernstrategien* (S. 271–292). Beltz.
24. Schmidt, R. A., & Lee, T. D. (2019). *Motor control and learning: A behavioral emphasis* (6th ed.). Human Kinetics.
25. Schöllhorn, W. I. (2011). *Motorisches Lernen und Leistung*. Hofmann.
26. Wahl, D. (2006). *Lernumgebungen erfolgreich gestalten: Grundlagen – Praxiserfahrungen – Forschungsergebnisse* Baltmannsweiler: Schneider Verlag Hohengehren.
27. Wahl, D. (2006). *Lernen durch Bewegung: Theorie und Praxis der Bewegten Schule*. Schneider Verlag Hohengehren.
28. Wahl, D. (2006). *Didaktik – das Lehren ermöglichen. Baltmannsweiler: Schneider Verlag Hohengehren*.
29. Weinert, F. E. (2001). Leistungsmessungen in Schulen. Weinheim: Beltz.

GPSR Compliance
The European Union's (EU) General Product Safety Regulation (GPSR) is a set of rules that requires consumer products to be safe and our obligations to ensure this.

If you have any concerns about our products, you can contact us on

ProductSafety@springernature.com

In case Publisher is established outside the EU, the EU authorized representative is:

Springer Nature Customer Service Center GmbH
Europaplatz 3
69115 Heidelberg, Germany

www.ingramcontent.com/pod-product-compliance
Ingram Content Group UK Ltd.
Pitfield, Milton Keynes, MK11 3LW, UK
UKHW022236230426
12048UKWH00018BA/1287